QUE SAIS-JE ?

Le manichéisme

MICHEL TARDIEU
Directeur d'études à l'Ecole Pratique des Hautes Etudes
(Sciences Religieuses)

DU MÊME AUTEUR

Trois mythes gnostiques, Adam, Eros et les animaux d'Egypte dans un écrit de Nag Hammadi (II, 5), Paris, Etudes Augustiniennes, 1974, 387 p.

Hans Lewy, Chaldaean Oracles and Theurgy, nouvelle édition avec compléments, Paris, Etudes Augustiniennes, 1978, XVIII-735 p.

ISBN 2 13 036999 5

1re édition : 3e trimestre 1981

108, Bd Saint-Germain, 75006 Paris

Chapitre Premier (1)

MANI

I. — Date et lieu de naissance de Mani

Mani a indiqué lui-même sa date et son lieu de naissance. Dans son *Shabuhragan* composé en moyen-perse à l'intention du roi Shabuhr Ier (d'où son titre), il signalait dans le chapitre intitulé « Sur la venue du Prophète » être né en Babylonie, an 527 de l'ère des astronomes de Babel, quatre ans après le début du règne du roi Adharban, c'est-à-dire Artavan V, dernier souverain de la dynastie arsacide, dans un bourg *(qarya)* du nom de Mardinu, dans le haut nahr-Kuthi. Le computiste et polygraphe khwarazmien al-Biruni (mort après 442 H/1050) se réfère à deux reprises à cet extrait remanié du *Shabuhragan* dans son *Kitab al-athar*

(1) On a dû renoncer dans les transcriptions à distinguer les phonèmes simples et emphatiques, les voyelles brèves et longues, le h sourd et sonore. Les groupes th, kh ou x, dh, sh (chuintante) et gh transcrivent les lettres tha', kha', etc. Le č et le ž du persan et du turc sont transcrits tch et zh. Les six lettres démotiques propres au copte sont transcrites : sh, f, h, j, c, ti. Le u doit être prononcé ou. Principaux sigles et abréviations utilisés : ar = arabe ; aram = araméen ; c = commun à toutes les sources ; ca = environ *(circa)* ; chin = chinois ; *CMC* = *Codex manichéen de Cologne* ; copt = copte ; gr = grec ; H = année hégirienne ; lat = latin ; mp = moyen-perse ; parth = parthe ; sogd = sogdien ; syr = syriaque ; vt = vieux-turc.

al-baqiya. Les renseignements divergents émanant de sources indirectes et composites, entre autres le Mésopotamien Théodore bar Konai (VIIIe siècle) et l'Arabe Ibn al-Nadim (mort ca 380 H/990), ne rapportent sur ce point que des on-dit locaux ; toute tentative de les accorder aux données fournies par al-Biruni semble vouée à l'échec.

C'est également du *Shabuhragan* que le compilateur des Kephalaia coptes a tiré les détails biographiques qu'il présente ; dans le Keph. 1 intitulé « Sur la venue de l'Apôtre », il situe l'événement durant le mois égyptien de Pharmouthi sous le règne d'Artabanês, roi de la Parthie. Le Compendium chinois, écrit en 731 sur ordre de la chancellerie impériale par un dignitaire manichéen, confirme également que Mani est né en l'an 527 de l'ère contrôlée par la douzième constellation dite *mohsieh*, le huitième jour du deuxième mois de la treizième année de la période Chien-an de l'empereur Hsien de la (dernière) dynastie Han. Le comput des différents calendriers (babylonien, iranien, chinois, égyptien) donne donc la même date : l'an 527 de l'ère lunaire séleucide, ou ère d'Alexandre, c'est-à-dire 216 de notre ère. Quant à la mention du jour et du mois (8 nisan = 14 avril) qu'indiquent plusieurs sources non arabes, elle n'a pas de valeur historique, elle servait aux manichéens à établir le calendrier de leurs fêtes.

Mani voit le jour dans une communauté rurale du nahr-Kuthi, installée sur les rives d'un canal, en Babylonie du Nord, au sud-est de Ctésiphon (al-Mada'in), sur la rive gauche du Tigre, non loin du site de l'actuelle Baghdad. Le nahr-Kuthi formait à cette époque un district de la province d'Asuristan, partie intégrante de l'empire parthe.

II. — Les parents de Mani

Seul le nom du chef de famille, père de Mani, est connu avec certitude. La compilation manichéenne, intitulée « Sur la naissance de son corps » et retrouvée en grec sur un cahier de parchemin de très petit format (4,5 × 3,5 cm) conservé à l'Université de Cologne — de là vient le sigle par lequel on le désigne : *CMC = Codex manichéen de Cologne* —, appelle le père de Mani Pattikios, forme grécisée de l'iranien Pattig ou Patteg, Patiq en syriaque.

La tradition manichéenne enjoliva le profil des origines de Mani. Par apologétique iranisante, les manichéens de Perse firent de Patteg un descendant d'une vieille famille parthe, les Haskaniya, ayant souche à Hamadan ; ils attribuèrent quantité de noms à la mère de Mani : Mays, Karussa, Utakhim, Taqshit, Nushit ; ils rattachèrent cette femme à la famille des Kamsaragan, liée à la maison royale des Arsacides. L'attribution d'un haut lignage au fondateur d'une religion se vérifie également dans le bouddhisme et dans le christianisme.

Par apologétique christianisante, bien des manichéens d'Orient donnèrent aussi à la mère de Mani le nom de la mère de Jésus : Maryam. Ils firent de son père un émigré et transfuge quittant Hamadan pour al-Mada'in, et al-Mada'in pour le nahr-Kuthi, à l'instar des récits de l'enfance de Jésus, qui racontent le départ de Joseph de Nazareth pour Jérusalem, et de Jérusalem pour l'Egypte. Comme Jésus, Mani est dit fils unique. Comme son devancier proclamé de la descendance de l'antique famille princière d'Israël, Mani est dit descendant d'une ancienne famille princière de l'Iran.

III. — Les religions du père de Mani

Quelle était la religion de Patteg ? L'encyclopédiste arabe Ibn al-Nadim rapporte dans *al-Fihrist* (377 H/990) quelques éléments de réponse. « On raconte, dit-il, qu'à al-Mada'in il y avait une maison des idoles que Fattiq avait l'habitude de fréquenter comme bien d'autres gens. Or, un jour, retentit pour lui depuis le sanctuaire de la maison des idoles ce cri : O Fattiq, ne mange pas de viande, ne bois pas de vin, abstiens-toi de tout rapport sexuel ! Cela lui fut répété plusieurs fois, trois jours durant. Ayant compris le message, il s'adjoignit à un groupe de gens des environs du Dastumisan connus pour être des mughtasila. Même de nos jours, quelques-uns d'entre eux subsistent encore dans ces régions et dans les Bata'ih. Ils suivaient la loi religieuse *(al-madhhab)* à laquelle Fattiq avait reçu ordre d'adhérer, alors que sa femme était enceinte de Mani. »

En transférant au père les visions du fils — car la sainteté du second implique celle du premier —, la tradition d'où provient la source d'Ibn al-Nadim présente le récit édifiant d'un hagiographe manichéen. Relation précieuse, cependant, puisqu'elle nous apprend que Patteg était idolâtre, que sa conversion précéda ou suivit de peu la naissance de Mani, que la communauté religieuse à laquelle il s'agrégea était le mughtasilisme babylonien.

Les deux expressions « maison des idoles » et « sanctuaire de l'idole » attestent que le temple fréquenté par Patteg n'était pas un temple du feu. Le milieu familial de Mani n'est donc pas zoroastrien. On peut supposer que le paganisme de Patteg était ce que le Keph. 121 appelle la « religion de la *nobe* », installée « au milieu de la Babylonie ». Le prêtre de cette religion, avec lequel Mani aura une controverse, était, dit le texte, un idolâtre *(refshmshe eidolon)*. Si on admet que le mot *nobe*, inconnu par ailleurs en copte, vient du sémitique, dans ce cas le père de Mani aurait été, avant d'être mughtasila, adorateur d'Hermès *(nbu)*, c'est-à-dire sectateur de la forme harranienne du sabéisme astrologique.

Les trois commandements dont Patteg entendit l'appel depuis le sanctuaire des idoles montrent que les motivations de sa conversion furent essentiellement pratiques. Patteg abandonna un genre de vie pour un autre. En se soumettant à une règle fondée sur l'abstinence et la continence, il quittait une religion, celle des Harraniens, dont la tradition arabe unanime a pris plaisir à grossir les pratiques licencieuses, pour adhérer à une forme religieuse dominée par l'encratisme. D'autre part, une étude récente de Jan Hjärpe ayant montré que ces Harraniens étaient en fait des astrologues amateurs de visions et auteurs de révélations, Patteg ne serait passé, en devenant baptiste, que d'une variété de révélation à une autre.

IV. — Les mughtasila

Le groupe auquel Patteg s'agrège alors que sa femme était enceinte de Mani est appelé par Ibn al-Nadim : *al-mughtasila* (« ceux qui se lavent »), correspondant arabe du mot grec *baptistai* (baptistes). Aux IXe-Xe siècles, des restes de ces baptistes se trouvaient encore dans ces régions de Babylonie, et en particulier dans les Bata'ih, terme technique de géographie désignant les étendues marécageuses du bas-pays mésopotamien, entre Wasit et al-Basra.

« Ces gens sont nombreux dans les Bata'ih », répète Ibn al-Nadim dans la notice du *Fihrist* les concernant ; « ce sont eux, les sabéens des Bata'ih. Ils professent les ablutions, et lavent tout ce qu'ils mangent. Leur chef est appelé al-Khasayh (= gr *CMC* : Alkhasaios ; mss : al-Hasayh). C'est lui qui donna à la communauté sa loi. Il prétend que les deux champs d'être *(al-kawnayn)* sont mâle et femelle : les herbes potagères sont des cheveux du mâle, la cuscute est des cheveux de la femelle et les arbres sont leurs veines. Ils racontent des histoires monstrueuses, qui relèvent de la fable. Le disciple d'al-Khasayh s'appelait Sham'un. Ils s'accordaient avec les manichéens sur les deux principes. Leur communauté se sépare ensuite. Il en est parmi eux qui jusqu'à ce jour vénèrent les étoiles » (traduction G. Monnot).

Dans la brève notice suivante du *Fihrist*, Ibn al-Nadim se fait l'écho d'une autre tradition concernant les sabéens des Bata'ih : « Ces gens tiennent l'ancienne doctrine des Nabatéens : ils vénèrent les étoiles et ont des images et des idoles. Ils sont le commun des sabéens qu'on appelle les Harraniens, quoiqu'on ait dit qu'ils ne leur sont identiques ni dans l'ensemble ni dans le détail » (traduction G. Monnot).

La proximité géographique et idéologique des sabéens mughtasila et des sabéens d'expression harranienne adorateurs des astres amène l'historien arabe à les regrouper sous une étiquette unique. Même si, nous l'avons vu, ces deux formes de « sabéisme » ne sont que deux variétés de systèmes à révélations, elles ne doivent pas être confondues, puisque passant de l'une à l'autre le père de Mani est dit changer de religion, c'est-à-dire de genre de vie.

L'essentiel de la pratique de ces mughtasila consistait en ablutions rituelles, à la fois corporelles et alimentaires. Voilà pourquoi Théodore bar Konai les appelle en syriaque *mnaqqede* (« ceux qui se purifient ») ; ils se nommaient eux-mêmes « vêtements blancs » *(halle heware)*, déclare-t-il, l'habit blanc étant signe de leur état de purifiés. Sur ce point des ablutions, rien ne distingue le mughtasilisme des autres baptismes, tant palestiniens que babyloniens.

Par contre, apparaît spécifique du mouvement mughtasila son code d'observances alimentaires. Le système interdisait bien entendu boissons fermentées et alimentation carnée, mais surtout classait les nourritures en deux catégories fondées sur des critères sociaux. Pain juif autorisé, pain grec interdit ! D'un côté pain fait dans la communauté et pain des pauvres, de l'autre pain des étrangers et des riches. Autorisés les légumes provenant des jardins de la communauté et dits d'essence mâle, interdits les mêmes légumes d'essence femelle parce qu'ils proviennent du dehors. Tout légume mâle devait toujours être « baptisé », c'est-à-dire lavé et soumis aux rites, avant d'être consommé.

L'histoire des conflits qui vont marquer les étapes de l'évolution de Mani et de sa prise de conscience prophétique est incompréhensible si l'on n'a pas présent à l'esprit un tel système. Etant membre de la communauté mughtasila, Mani contestera puis rejettera ce système, devenu fondateur d'Eglise, il organisera son propre code alimentaire en s'inspirant de celui qu'il connaissait et avait refusé.

V. — « Elchasaï »

Celui qui aurait constitué cette communauté mughtasila en tant que Loi, c'est-à-dire le chef fondateur de cette religion, s'appelle, dit Ibn al-Nadim, al-Khasayh (mss : al-Hasayh). C'est donc l'Alkhasaios du *CMC* et l'Elchasaï des hérésiologues chrétiens. Ibn al-Nadim, à l'instar de la tradition manichéenne elle-même et des Pères de l'Eglise, se réfère à lui comme à un personnage ayant réellement existé. Il est plus vraisemblable qu'on a affaire ici à une historicisation d'un personnage mythique, sous l'autorité de qui était mis un livre de révélations largement répandu dans les milieux judéochrétiens de Palestine et de Mésopotamie aux débuts de l'ère chrétienne. En conséquence, le mot « Elchasaï » ici utilisé renverra non à un personnage historique, mais à l'auteur anonyme et au contenu du livre qui donna naissance au mughtasilisme elchasaïte.

Un remaniement grec de ce livre fut apporté à Rome au début du IIIe siècle par un certain Alcibiade d'Apamée. C'est alors que son contenu fut connu d'un polémiste chrétien adversaire d'Alcibiade et originaire comme lui de Syrie : Joseph/Josippe. Dans son encyclopédie des erreurs de son temps *(Elenchos)*, ce dernier déclare qu'Alcibiade racontait qu'Elchasaï, vivant au pays des Parthes, avait reçu ce livre d'un ange aux dimensions gigantesques et l'avait transmis à son disciple immédiat, un certain Sobiaï. Cet événement se serait produit « la troisième année du règne de Trajan », c'est-à-dire en l'an 100 de notre ère.

« Elchasaï », qu'Epiphane déclare être un Juif de naissance et de religion, était devenu maître d'une nouvelle communauté par rejet du fondement cultuel et social de la religion hébraïque : le sacrifice sanglant instauré par les patriarches et perpétué dans la pratique pascale, au cours de laquelle la victime animale était égorgée puis consumée par le feu sur l'autel ; par voie de conséquence, toute alimentation carnée était exclue de la cuisine elchasaïte.

Tout en rejetant l'institution et la pratique sacrificielles, « Elchasaï » qui se disait lui-même « juste », se faisait scrupule d'observer, par ailleurs, la lettre de la Loi : pratique de la circoncision, monothéisme strict et (bien que les hérésiologues prétendent le contraire) rejet de la divination et de l'astrologie, maintien de l'institution sacerdotale, de Jérusalem comme direction de la prière *(qibla)*, des observances du sabbat et des jeûnes, invitation expresse à se marier et mépris des formes diverses de continence en usage chez d'autres sectaires juifs.

Tenant le feu pour l'instrument diabolique des grossières pratiques de l'ancienne religion, « Elchasaï » faisait de l'eau l'instrument thaumaturgique de la religion nouvelle :

« Mes enfants, disait-il, ne vous approchez pas de l'apparence du feu pour n'être pas induits en erreur car le feu n'est qu'errement. Tu le vois tout proche alors qu'il est bien loin ! Prenez donc garde de vous approcher de son apparence, suivez plutôt la voix de l'eau ! »

Le légalisme elchasaïte consista donc à substituer au feu sacrificiel et mortifère du judaïsme l'eau vivifiante des milieux baptistes palestiniens. Le rite d'entrée dans la religion prévoyait un baptême pour la rémission des péchés. Le catéchumène était plongé tout habillé dans les eaux vives de quelque ruisseau, en plein air, l'épiclèse baptismale devant comporter obligatoirement l'invocation des éléments doués de propriétés thérapeutiques : eau, terre, souffle, huile et sel (ces deux derniers occupant la place laissée vacante par le feu).

Le rite entraînait automatiquement le pardon de toutes les fautes et consacrait la repentance du sujet, autrement dit sa conversion et son changement de vie. Mais le rite a aussi et surtout un effet curatif direct sur les corps. Car la pureté morale qu'il apporte n'est elle-même qu'une conséquence de l'effet essentiellement physique et corporel du geste et de la parole. La fonction du rite est donc de nettoyer le corps et de le guérir de ses maladies, en le délivrant des démons malfaisants qui le possèdent.

« Si un homme, une femme ou un enfant est mordu par un chien enragé, déclare un fragment conservé dans l'*Elenchos*, qu'à l'instant même il coure vers une rivière ou une source abondante, qu'il y descende tout habillé et invoque avec confiance le Dieu grand et très haut ! » Pour les phtisiques et démoniaques était prévu un traitement à base de bains à prendre dans l'eau froide « quarante fois en sept jours ».

D'autre part, le système des bains corporels, qu'ils soient quotidiens ou échelonnés selon le calendrier liturgique, s'accompagnait d'un second code baptismal, également très strict, consistant à « baptiser », à purifier par immersion, avant d'être consommés, tous les aliments autorisés provenant exclusivement des fours et des jardins de la communauté. Quant aux aliments venus des « païens », ils étaient purement et simplement tabous.

Sur ce légalisme pratique d'essence juive, « Elchasaï » avait greffé et combiné la prophétologie des apocalypticiens et la christologie des dits *(logia)* de Jésus. Le christianisme elchasaïte, qui tient Jésus pour le dernier de la chaîne des christs ou messies issus d'Adam, est donc indéniable mais il diffère profondément de celui que Paul de Tarse avait réussi à imposer. Alors que ce dernier rompt par tactique avec le monde des observances juives, « Elchasaï » reste un judéochrétien au sens strict, c'est-à-dire un chrétien pratiquant le genre de vie juif fixé une fois pour toutes par les prescriptions de la Torah.

Dès le début du second siècle de notre ère, le judéochristianisme elchasaïte est fortement implanté en Transjordanie et très actif en Arabie. Au début du IIIe siècle, alors que le père de Mani s'intègre dans l'une de ses communautés babyloniennes, Alcibiade d'Apamée s'en fait le propagateur à Rome. Au milieu du même siècle, Origène en constate les progrès « récents » en Palestine, sous Philippe l'Arabe (244-249). Au siècle suivant, Epiphane, bon connaisseur des courants religieux de Palestine et de Syrie, constate que les communautés baptistes du Jourdain ont presque partout été assimilées par l'elchasaïsme. Mouvement puissant donc, puisque, au IVe siècle de l'hégire, Ibn al-Nadim en atteste encore la présence sous le nom de mughtasila dans les marais du bas-pays mésopotamien.

VI. — L'appel de l'ange

Pendant les vingt-cinq premières années de sa vie, Mani appartint au baptisme elchasaïte. A l'âge de quatre ans, son père le fit venir près de lui dans la communauté rurale du Dastumisan. Un des premiers disciples de Mani, Salmaios, rapporte dans le *CMC* 11-12 cette confidence que lui fit son maître :

« C'est alors (c'est-à-dire à l'âge de quatre ans) que j'entrai dans la religion des baptistes, dans laquelle je grandis. En raison de la jeunesse de mon corps, j'étais protégé par la force des anges de lumière et les très grandes puissances qui étaient chargées de la part de Jésus-Splendeur de veiller sur moi. C'est ainsi que de la quatrième année jusqu'au moment où je parvins à la maturité de mon corps je fus protégé entre les mains des très saints anges et des puissances de sainteté. »

Ce témoignage est une reconstruction. Devenu dès sa petite enfance membre de la communauté baptiste elchasaïte, Mani fut élevé par un converti, son père, qui éveilla sa sensibilité religieuse aux pratiques quotidiennes de la secte et aux dits merveilleux que l'on racontait sur Jésus. Tout se passe comme si Mani enfant copiait Jésus enfant.

En effet, al-Biruni répète à deux reprises dans *al-Athar* que « dans le même chapitre (du *Shabuhragan*), intitulé « Sur la venue du Prophète », Mani dit que la révélation *(al-wahy)* vint à lui alors qu'il était dans sa treizième année. Al-Biruni en conclut que c'était en l'an 539 des astronomes de Babel, deux ans après le début du règne d'Ardashir, le roi des rois. De son côté, Ibn al-Nadim déclare dans *al-Fihrist* : « Quand il eut douze ans accomplis, vint à lui la révélation ; c'était, selon ses dires, de la part du Roi des jardins de la lumière. L'ange porteur de la révélation s'appelait al-Tawm, mot nabatéen signifiant le compagnon. »

L'événement se serait donc produit en 228 de notre ère, dans la deuxième année du règne d'Ardashir, comme le dit al-Biruni plus correctement dans un autre passage de sa Chronologie. Le Keph. 1 situe par concordisme l'événement « la même année où Artaxoos (= Ardashir) allait recevoir la couronne ». Le nom du messager céleste est araméen : *tawma* = gr *CMC* : *suzugos* (*saïsh* dans les textes coptes). Le Keph. 1 l'appelle par réminiscence de Jean 14, 26 *paraklêtos* : « Le paraclet vivant descendit jusqu'à moi et conversa avec moi. »

A la base de tout cela, il y a la réutilisation des noms et récits légendaires de la chrétienté syriaque sur l'apôtre Thomas, dont le nom signifie précisément le « jumeau » (il est ou passe pour être le frère jumeau de Jésus) et dont Evangile et Actes nourrissent toutes formes de piété en Orient à cette époque. Sur le donné traditionnel : Paraclet → Jésus × Thomas, le fils de Patteg va greffer le secret de sa vision : Paraclet → Jésus × Thomas → Mani.

Pendant douze ans, Mani va mûrir son secret, c'est-à-dire les secrets *(musteria)* révélés à lui par son compagnon céleste, et entrer peu à peu en conflit avec ses compagnons terrestres, les elchasaïtes. Cette période initiatique et conflictuelle prend fin liturgiquement par une seconde et solennelle visite de l'ange al-Tawm. Le *CMC* fait rapporter à Mani l'événement en ces termes :

« A l'époque où mon corps eut atteint son développement, à l'improviste descendit et apparut devant moi ce très beau et sublime miroir de moi-même. Quand j'eus vingt-quatre ans, l'année où Dariardaxar (= Ardashir) le roi de Perse soumit la ville d'Atra (= Hatra) et où le roi Sapor (= Shabuhr Ier) son fils fut couronné du très grand diadème, au mois de Pharmouthi le huitième jour de la lune, le Seigneur très bienheureux me prit en pitié et m'appela à sa grâce, il m'envoya de là-bas mon jumeau *(suzugon mou)*. Lors donc qu'il fut venu, il me délia, me mit à part et me retira du milieu de cette Loi dans laquelle j'avais grandi. C'est ainsi qu'il m'a appelé, choisi et séparé du milieu de ces gens. »

Ici aussi, le concordisme voulu des dates sert le dessein théologique et missionnaire de Mani. La seconde épiphanie de l'ange est, à quelques jours près, concomitante : 1) de l'investiture de Shabuhr Ier comme corégent de son père Ardashir (1 nisan 551 séleucide = 12 avril 240) ; 2) de la pleine lune qui intervient le 13 du même mois ; 3) de l'anniversaire des vingt-quatre ans de Mani (8 nisan - 14 avril). Mani entrait donc dans sa vingt-cinquième année comme le dit l'extrait d'une homélie de Baraies conservé dans le *CMC*.

Un tel concordisme répond à une construction apologétique démontrant la coïncidence des trois mondes : politique, astrologique, prophétique. A temps nouveau, nouveau roi, nouveau prophète ! A la base de telles combinaisons il y a sinon flatterie, du moins appel du pied lancé à l'adresse du nouveau shahan-shah. Si Mani écrit dans la langue du roi et pour le roi le message de la révélation qu'il a reçue, c'est parce qu'il espère bien que ce règne qui commence sera mis au service de la religion nouvelle.

VII. — Controverses antielchasaïtes

Au contact et par contestation de la religion de son milieu, Mani va mûrir son projet de nouvelle religion. Mais ici aussi, il faut compter avec l'idéalisation des biographes et de Mani lui-même. Comme Mani enfant copie Jésus enfant, le jeune Mani disputant avec les autorités de sa communauté imite le Jésus des controverses antijudaïsantes rapportées par les Synoptiques. Néanmoins, cette partie de la biographie, même enjolivée, apparaît comme l'élément historiquement le plus sûr et le plus neuf apporté par le *CMC*.

Les disputes de Mani avec les elchasaïtes ne portèrent pas seulement sur les pratiques baptismales appliquées aux fruits et légumes mais sur toutes les observances et prescriptions de la religion. « Je les interrogeai sur la voie de Dieu et les commandements du Sauveur », déclare-t-il dans un dit mis sous l'autorité de Baraies, qui est l'Abrahaya de la tradition arabe.

La coutume elchasaïte de baptiser les aliments suscite l'ironie de Mani. Son argumentation est de simple bon sens : soumettre une nourriture quelconque au rite baptismal ne supprime ni sang, ni bile, ni pets, ni excréments ; seule l'abstinence permet de diminuer la quantité des déchets *(apekdumata)* : « Que l'on prenne un aliment baptisé et purifié, et qu'ensuite on en prenne un qui ne l'est point, c'est l'évidence que pour la beauté et la force du corps l'effet est le même. Pareillement, la déjection et le résidu des deux sortes d'aliments ne peuvent en rien être perçus différents l'un de l'autre. En conséquence, toute nourriture baptisée, que le corps évacue et expulse, ne se distingue pas de cette autre nourriture non baptisée » (*CMC* 82).

Mani explique à ses interlocuteurs que bains et ablutions ne procurent nullement la pureté. Il leur montre que le Sauveur, c'est-à-dire Jésus, ne souffle mot de ces pratiques dans ses « commandements » ; que le corps, de soi souillure, ne peut être purifié par de l'eau. « La pureté dont parle l'Ecriture (= Jésus) est cette pureté qui vient de ce qu'on sait séparer lumière et ténèbre, mort et vie, eaux vives et eaux mortes. Voilà la pureté véritablement droite que vous avez reçu commandement de mettre en pratique » (*CMC* 84-85).

De tels propos suscitent chez certains chuchotements et méfiance, chez d'autres respect et admiration. Parmi ses partisans, on le tient qui pour un chef de religion, qui pour un prophète, qui pour un visionnaire gratifié d'une révélation secrète. Ses opposants font de lui l'antichrist et le faux prophète annoncé par la tradition, un fauteur de schisme qui mérite la mort : « C'est l'ennemi de notre Loi ! Il veut aller chez les païens et manger du pain grec. Car nous l'avons entendu dire : Il faut prendre du pain grec » (*CMC* 87). Réactions favorables et défavorables s'inspirent, dans la composition du récit, des relations néo-testamentaires sur l'identité de Jésus et des chefs d'accusations portés contre ce dernier par les Juifs de Palestine.

Les troubles et scissions provoqués par le zèle prédicant et contestataire de Mani amènent le responsable religieux du groupe, Sitaios, à réunir le collège presbytéral de la communauté. Ils décident alors de demander des explications à Patteg, le père de Mani. Patteg écoute les accusateurs de son fils puis, déclinant toute responsabilité, répond à la façon des parents de l'aveugle-né de l'Evangile (Jean 9, 21) : « Convoquez-le vous-mêmes et essayez de lui faire entendre raison ! » (*CMC* 90).

Lorsque Mani comparaît à son tour devant l'assemblée, ses juges vantent d'abord ses mérites : « Depuis ton enfance tu es chez nous et tu as persévéré sans relâche dans les prescriptions et observances de notre Loi. Que t'est-il arrivé maintenant, quelle vision as-tu eue ? Car tu t'opposes à notre Loi, tu renverses et abolis notre religion *(dogma)*. La voie que tu prends est différente de la nôtre » (*CMC* 90-91). Mani est alors accusé de rejeter les rites de purification, les commandements du Sauveur, les interdits alimentaires sur le pain de froment et les légumes, le travail agricole enfin.

La réponse de Mani va consister dans un premier temps à montrer qu'en tous ses dires et agissements il ne fait que suivre l'exemple de Jésus. Celui-ci a béni le pain, mangé avec publicains et pécheurs, partagé le repas de Marthe et Marie, envoyé ses disciples en mission, lesquels n'emportaient pour bagage ni meule ni tourtière mais un seul vêtement : « Observez donc que les disciples du Sauveur mangeaient du pain qui provenait de femmes et d'idolâtres et qu'ils ne faisaient point de différence entre pain et pain, pas plus qu'entre légume et légume, et pour manger ils ne vaquaient point au travail manuel ni au labourage de la terre, comme vous le faites de nos jours » (*CMC* 93).

Après avoir relevé la contradiction existante entre la pratique baptiste et les agissements de Jésus, Mani va dire ensuite que le baptisme est en contradiction avec sa propre tradition. Les premiers apophtegmes qu'il énonce illustrent la conduite d'Elchasaï lui-même, le fondateur de la Loi.

Voulant un jour se laver, Elchasaï voit dans les eaux une figure humaine qui se plaint d'être blessée par les bains quotidiens des animaux et des hommes ; Elchasaï s'en va puis un autre jour où il cherchait à enlever sa crasse dans une flaque d'eau, à nouveau l'image humaine lui apparaît, disant : « Nous et les eaux de la mer sommes un. Tu es venu commettre ici-même une faute et nous blesser. » Elchasaï se le tint pour dit et laissa, ajoute le texte, « sécher la boue sur sa tête » (*CMC* 96).

De même qu'il ne pratiquait pas les ablutions, Elchasaï ne se livrait pas non plus au travail agricole. Un jour où il s'apprêtait à prendre un manche de charrue pour labourer, il entend la terre gémir. Il prit alors une motte de cette terre qui lui avait parlé, pleura, la baisa et la mit sur sa poitrine, disant : « Voici la chair et le sang de mon Seigneur ! » (*CMC* 97). Egalement, trouvant ses disciples en train de faire cuire du pain, Elchasaï entend le pain lui parler, il ordonne alors à ses disciples d'arrêter la cuisson.

Même si cette diatribe de Mani contre l'elchasaïsme au nom de Jésus et d'Elchasaï, que rapporte le *CMC*, est une autojustification composée après coup par nécessité prosélyte, il n'en reste pas moins qu'elle restitue bien le climat de tension qui régnait dans la communauté baptiste à l'époque où Mani prétend avoir été visité par son compagnon céleste.

VIII. — Le sceau des prophètes

La seconde apparition de l'ange al-Tawm marque dans la biographie idéalisée de Mani à la fois la rupture avec l'elchasaïsme et la naissance ecclésiale du manichéisme.

Ibn al-Nadîm rapporte l'événement en ces termes dans *al-Fihrist* : « Quand il eut achevé sa vingt-quatrième année, al-Tawm vint à lui, disant : Voici le temps venu pour toi de te manifester *(kharaja)* pour annoncer ton pouvoir. » Le compilateur musulman cite alors un logion, sans doute extrait par sa source, du *Shabuhragan*, dans lequel l'ange proclame solennellement l'épiphanie de Mani et décrète l'envoi en mission : « A toi la paix, Mani, de ma part et de la part du Seigneur qui m'a envoyé vers toi ! Il t'a élu pour son apostolat, et voilà que ta mission est d'appeler à ta vérité. Tu vas proclamer en son nom l'évangile de la vérité *(bushra al-haqq)* et t'y employer de toute ta force. » La fin de l'appartenance de Mani à la religion de son enfance et le début de son apostolat en tant que fondateur d'une nouvelle religion sont formulés dans le langage des visions popularisé par l'apocalyptique. Un tel langage est la seule assise scripturaire possible pour accréditer, dans le contexte de l'époque, l'authenticité d'une réforme religieuse.

Sur le contenu théologique de cet apostolat, al-Biruni rapporte dans *al-Athar* un logion de Mani tiré du début du *Shabuhragan* : « La sagesse *(hikma)* et la connaissance (*ʿilm* après correction ; mss : *aʿmal*) sont ce que les apôtres de Dieu ne cessèrent d'apporter de période en période. Ainsi, elles sont apparues dans un des siècles (passés) par l'intermédiaire de l'apôtre appelé al-Bidada (= Bouddha) dans les contrées de l'Inde, et en un autre par l'intermédiaire de Zaradasht (= Zoroastre) dans le pays de Perse, et en un autre par l'intermédiaire de ʿIsa (= Jésus) dans le pays de l'Occident. Puis est descendue cette révélation et a paru cette prophétie en ce siècle présent par mon intermédiaire, moi, Mani, apôtre du Dieu de la vérité dans le pays de Babel. »

Tout d'abord, Mani se présente, à l'instar des héros des apocalypses lues dans le milieu judéo-chrétien, comme l'exécutant d'une révélation céleste. Il explicite ensuite l'objet de cette révélation, c'est-à-dire sa décision de fonder une religion autre, à l'aide de la terminologie des péricopes eschatologiques rapportées par les évangiles : proximité de la fin des temps, manifestation de cette fin par l'annonce d'une bonne nouvelle, élection à l'apostolat, c'est-à-dire rassemblement en Eglise de ceux qui prendront la décision d'accueillir la bonne nouvelle transmise par l'apôtre élu. En tous ces points, Mani imite Jésus décidant par conscience messianique de répéter sur les routes de Palestine la bonne nouvelle de la proximité du royaume de Dieu et d'envoyer à son tour en mission ses douze disciples : « Qui vous accueille m'accueille, et qui m'accueille accueille celui qui m'a envoyé » (Évangile selon Matthieu 10, 40). La démarche de Mani et celle de Jésus sont identiques : toute prise de conscience prophétique est de soi missionnaire.

Cependant existe une divergence profonde sur la nature même de l'acte prophétique de l'un et de l'autre. Le Jésus des évangiles prêchait, pour se distinguer de Jean le Baptiste qui annonçait la repentance par le baptême d'eau, la bonne nouvelle d'un « baptême de feu » par l'envoi d'un esprit paraclet. La bonne nouvelle, que Mani prétend avoir reçu mission de répandre (il est à l'âge où les évangiles disent que Jésus a reçu la sienne), n'est plus d'annoncer un espoir mais de dire que cet espoir est accompli, que l'espérance annoncée par Jésus s'est réalisée en lui, Mani. En effet, dans l'*Evangile* qu'il composa selon les 22 lettres de l'alphabet araméen, Mani dit expressément, ainsi que le rapporte al-Biruni dans *al-Athar*, « que c'est lui le Paraclet annoncé par le Christ et qu'il est le sceau des prophètes ».

La doctrine du sceau de la prophétie appartient dans son fond au judéochristianisme au sens strict ; le jeune Mani était aussi familier de celle-ci que le jeune Jésus l'était de la pensée messianique juive.

Mais ce n'est pas de l'elchasaïsme seul que Mani a tiré sa doctrine prophétologique. En effet, si le baptisme judéochristianisé reconnaissait en Jésus l'accomplissement de la prophétie et du salut inaugurés par les premiers apôtres ou sages de l'humanité, c'est-à-dire par les héros de l'ethnohistoire mythique des Juifs (essentiellement Adam et les grands Séthites, opposés aux Caïnites fabricants

Listes des prophètes ou apôtres de l'humanité

ʿAbd al-Jabbar	*al-Biruni*	*al-Shahrastani*	*Ibn al-Murtada*	*M 299a*	*Géants*	*Compendium chinois*	*M 42*	*Keph. I*	*CMC 48-63*	*Hom. III*	*Ps. 142-3*
Adam		Adam	Adam					Adam	Adam	Adam	Adam
Seth		Seth	Seth	Shem/Sem	Seth			Seth	Seth		Seth
				Enosh				Enosh	Enosh	Enosh	Enosh
				Hénoch				Hénoch	Sem	Sem	Noé
Noé		Noé	Noé					Noé	Hénoch	Hénoch	Sem
								Sem			Hénoch
		Abraham									
Zoroastre	Bouddha	Bouddha	Bouddha		Zarathustra	Lao-tseu	Zarathustra	Bouddha		Jésus	
Bouddha	Zoroastre	Zoroastre	Zoroastre		Bouddha	Bouddha	Bouddha	Zoroastre		Paul	
Jésus	Jésus	le Messie	Jésus		Christ		Jésus	Jésus		Zoroastre	Jésus
		Paul						Paul	Paul	Bouddha	Paul
Mani	Mani		Mani			Mani		Mani	Mani	Mani	Mani
		Mahomet									

d'outils et faiseurs de désordre), il cantonnait sa théologie de l'histoire du salut au donné exclusif des légendes juives : d'Adam à Sem, fils de Noé. La mutation profonde apportée par Mani au schéma prophétologique reçu a été de refuser de lire ce dernier d'un point de vue juif ou judéochrétien, d'une part, en l'élargissant à la terre entière habitée *(oikoumenê)*, d'autre part, en le faisant confluer à sa propre personne.

Au tableau analytique des listes de prophètes consignées dans la littérature manichéenne et l'hérésiographie musulmane, on peut accoler un tableau systématique qui se présente comme le schéma de Mani lui-même à l'époque de sa rupture avec l'elchasaïsme :

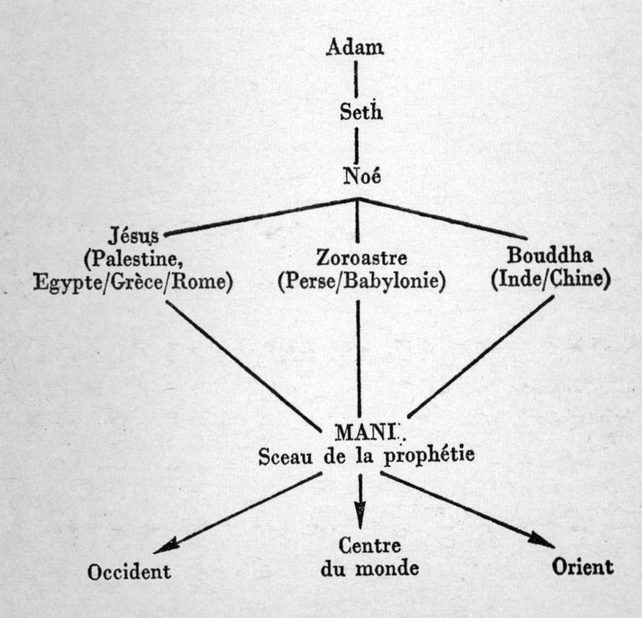

C'est l'esprit d'un tel schéma que Mani consigna pour la première fois dans le *Shabuhragan* et auquel il se référera explicitement dans les *Géants*. Si les noms légendaires transmis par la Genèse ne se trouvent, semble-t-il, point cités dans le *Shabuhragan*, c'est par tactique vis-à-vis du dédicataire de son livre. Shabuhr est, en effet, étranger à la culture juive ; d'autre part, en s'en tenant à la liste des révélateurs des trois grandes religions mondiales, le prophète cherchait à suggérer au guide de l'Iran que son nouveau règne voué à la domination politique de la terre coïncidait *avec* et serait facilité *par* l'instauration d'une religion universelle venue de l'un de ses sujets directs, héritier spirituel de Bouddha, de Zoroastre et de Jésus. Cette prophétologie porteuse de toute la sagesse et la science du monde (mp : *xrad ud danishn*), c'est-à-dire des anciens sages de l'humanité à tradition non écrite (Zoroastre, Bouddha et Jésus) et écrite (apocalypses), est le cœur même du manichéisme de Mani. L'originalité de ce dernier n'est pas le dualisme en tant que construction dogmatique — qui sera l'œuvre de ses disciples —, mais est d'avoir élaboré une ecclésiologie fondée sur une prophétologie universaliste.

Le caractère résolument antielchasaïte et donc antijudaïsant d'une telle prophétologie éclate d'abord dans le fait que sont éliminés de son dessein ecclésial tous les représentants du nationalisme juif historique (la mention d'Abraham, comme celle de Mahomet dans la liste d'al-Shahrastani, est de toute évidence imputable à l'hérésiologue musulman par interférence avec la liste coranique des envoyés de Dieu et avec le titre de sceau des prophètes attribué par le Coran au fondateur de l'islam).

L'antielchasaïsme se fait jour, également et surtout, par le rejet du rite et de la croyance en tant que normes du salut. Mani fixe, en effet, dans le *Shabuhragan* comme critère de décision en matière de jugement dernier le critère même fixé par Jésus (Evangile selon Matthieu 25, 31-46, texte repris à la lettre et en entier dans le *Shabuhragan*). Le salut ne dépendra pas de l'observance d'une pratique ou de la conformité à une orthodoxie (de là viendra la malléabilité dogmatique du manichéisme culturel : chrétien partout mais tout aussi bien, selon les aires, zoroastrien, marcionite, bouddhiste, taoïste) ; le salut de tout homme, manichéen et non manichéen (n'oublions pas que Mani s'adresse à Shabuhr !) sera fonction du geste de miséricorde accompli pour les « religieux », c'est-à-dire pour les fidèles de l'Eglise : « J'étais nu et vous m'avez vêtu. J'étais malade et vous avez eu soin de moi. J'étais lié et vous m'avez délié. J'étais captif et vous m'avez libéré. Et j'étais exilé et errant et vous m'avez accueilli dans vos maisons. »

L'antielchasaïsme — et donc l'antijudaïsme — de l'ecclésiologie manichéenne se fait jour enfin dans la mention, entre Jésus et Mani, de l'apôtre Paul. Cette précision était bien évidemment absente du *Shabuhragan*, mais les sources manichéennes directes (Kephalaia, *CMC*, Homélie III, Psautier), compilées aux lendemains de la mort de Mani, signalent toutes le nom de Paul. Il est certain que Mani lui-même, affronté à la fin de sa vie à une répression féroce ordonnée par les autorités mazdéennes liées à la cour impériale, a de plus en plus rapproché son propre destin de celui de tous les prophètes persécutés, celui de Jésus bien sûr mais aussi de celui de ses disciples, de Paul en particulier et des premiers martyrs chrétiens (le Psautier manichéen donne les noms de plusieurs d'entre eux).

Ce serait une erreur de croire que le paulinisme de Mani est tardif et secondaire. Le Mani des controverses antielchasaïtes n'a pu ignorer celui que précisément ses coreligionnaires détestaient parce qu'il était le destructeur de la Loi et dont, en raison de cela, ils avaient exclu lettres et écrits de leur propre canon d'écritures. Il est fort probable donc que c'est très tôt que Mani se passionna pour la personnalité de celui dont les écrits (authentiques ou inauthentiques, canoniques ou extra-canoniques) racontaient à loisir la conversion soudaine sur le chemin de Damas, le ravissement au troisième ciel, les exploits missionnaires en direction de l'Occident. C'est à son école que Mani forgea sa vocation de visionnaire et d'apôtre. Quant aux six envoyés dont les noms précèdent celui de Paul dans la liste de l'homélie de Baraies conservée par le *CMC* (48-59), il ont tous en commun d'avoir été, comme Paul, gratifiés de visions, d'apparitions et de ravissements, qui furent consignés comme pour Paul dans des écrits de révélation mis sous leur nom (apocalypses) et dont l'homélie cite pour chacun d'eux un ou plusieurs extraits.

En résumé, les raisons décisives qui firent de Mani le fondateur d'une nouvelle religion sont de deux ordres :

1) rejet au nom de Jésus d'une pratique insupportable, c'est-à-dire du légalisme juif que perpétuait à sa façon le baptisme elchasaïte ; par voie de conséquence, rejet d'une doctrine cloisonnée au strict maintien d'une pratique et devenue « étrangère aux commandements du Sauveur » ;
2) influence du modèle paulinien connu à travers le Nouveau Testament et la littérature apocryphe mise sous son nom. Cette dernière in-

fluence aboutit chez Mani à remanier en profondeur la première prophétologie judéochrétienne dans le sens d'une œcuménicité radicale.

IX. — **Premières missions**

Ayant rompu avec l'elchasaïsme au nom de Jésus et de Paul, Mani devient apôtre de terrain, à l'imitation de Paul l'apôtre de Jésus-Christ. Or, de la rupture à l'apostolat, il n'y a pas de transition. Mani ne médite pas d'abord, dans le secret de quelque retraite, un projet grandiose de nouvelle métaphysique ou de nouvelle théologie, il ne travaille pas d'abord à fonder une religion en élaborant des statuts. Dès qu'il rompt avec les elchasaïtes de Babylonie, il part sur les routes et sur les mers car sa religion est de plein vent.

Il subsiste cependant des différences entre les apostolats de Paul et de Mani. De contenu : Paul prêchait Christ mort et vivant, c'est-à-dire l'objet de la foi de la première communauté chrétienne de Jérusalem ; Mani, lui, prêche Mani, puisque étant le prophète et le sceau des prophètes, il s'identifie à ce paraclet qui constituait la foi et l'espérance du Jésus des évangiles. De milieu, ensuite : juif de culture grecque et de citoyenneté romaine, Paul de Tarse porta ses pas vers l'Occident et eut pour tactique constante à chaque ville étape de ses premières missions de s'adresser d'abord aux Juifs de la diaspora locale avant d'aller vers les Grecs du cru ; Babylonien de culture chrétienne et de citoyenneté iranienne, Mani se tourna d'abord vers l'Orient, cherchant à s'implanter dans les communautés chrétiennes disséminées entre Babylonie et Inde.

Il s'embarque à Shiren (Mahruban), port de Rew-Ardaxshir, près de l'embouchure du fleuve Tab sur le Golfe. Naviguant le long des côtes du Fars et du Makran, faisant halte dans les îles où venaient de s'édifier des églises chrétiennes, le bateau amène Mani « dans l'Inde », c'est-à-dire dans le delta de l'Indus ; il débarque à Dib ou Deb (al-Daibul) dans le royaume de Turan, proche de l'actuel pays baloutche.

Cet itinéraire était, disait-on, celui qu'avait emprunté près de deux siècles auparavant l'apôtre Thomas. De petites communautés chrétiennes étaient implantées au long de cet itinéraire, en deçà comme au-delà du détroit d'Hormuz. Selon la légende, Thomas avait été, au départ, récalcitrant à cet envoi en mission ordonné par Jésus : « Comment moi, qui suis Juif, puis-je me rendre chez les Indiens ? » Mani, qui connaissait les récits merveilleux entourant les voyages de Thomas, voulut faire de plein gré et pour son propre compte l'itinéraire prêté à son illustre devancier. C'est donc les communautés chrétiennes disséminées entre Fars et Turan et se réclamant de Thomas que Mani rencontra au cours de son premier voyage missionnaire. C'est elles qui furent l'objet et le but de son voyage, et non l'étude du bouddhisme.

De même que les Actes de Thomas prêtaient à Thomas un grand succès auprès des potentats et roitelets locaux, l'hagiographie manichéenne fabriquera pour Mani une missiologie analogue. Un fragment parthe (M 48) raconte comment Mani aurait réussi à convertir le roi bouddhiste de Turan. Après avoir procédé publiquement à un exercice de lévitation au cours duquel son interlocuteur fictif est amené à professer la sagesse véritable, Mani expose au roi son dessein missionnaire. « Dès que le Turanshah et les notables *(azadan)* eurent entendu cela, ils furent joyeux. Ils acceptèrent de croire et devinrent favorables à l'apôtre et à la religion. » Quelques membres de la famille et de la cour du roi se convertissent à leur tour. A la vue de Mani s'élevant à nouveau dans les airs pour prendre congé de lui, le roi tombe à genoux mais Mani l'appelle à lui. Le Turanshah va alors à sa rencontre dans les airs et donne à Mani un baiser en lui déclarant : « Tu es le Bouddha ! »

La courte durée de cette première mission, deux ans maximum, exclut toute possibilité de prosélytisme et d'implantation en milieu bouddhiste. Si elle n'a donc point abouti aux conversions spectaculaires que lui attribue la légende manichéenne, elle connut cependant un certain succès en milieu chrétien puisque, selon un autre fragment parthe (M 4575^{r}), Mani de retour à Rew-Ardaxshir envoya Patteg (son père, un de ses premiers convertis) et frère Jean (Hanni) s'occuper de la communauté qu'il venait d'y fonder.

Sur la datation de cette première mission et l'activité qui suivit, les renseignements essentiels proviennent des Kephalaia coptes :

« A la fin des années d'Artaxoos (Ardashir) le roi, je partis prêcher, je gagnai par mer *(jiore)* la contrée des Indiens, je leur prêchai l'espoir de la vie, j'ai élu *(sotp)* dans ce lieu-là une bonne élection (syn. de communauté, Eglise). Mais dans l'année où Artaxoos le roi mourut et où Saporês (Shabuhr Ier) son fils devint roi, je revins par mer du pays des Indiens vers la terre des Perses, et à nouveau de la terre de la Perside je gagnai la terre de Babylone, la Mésène et la contrée de Suse. Je me manifestai devant Saporês le roi, il me reçut en grand honneur et me permit de circuler sur ses territoires et d'y prêcher la parole de la vie. Je passai quelques autres années dans la suite royale *(komitaton)*, plusieurs années en Perside, dans le pays des Parthes, jusqu'en Adiabène et dans les régions frontalières de l'empire romain » (Keph. 1, 15-16).

Le Keph. 76 sur les voyages de Mani précisera les circonstances de l'entrevue avec Shabuhr Ier et donnera un tableau schématique des missions dirigées par Mani :

« A nouveau, il arriva un jour, alors que notre maître Mani et notre illuminateur lumineux demeurait dans la ville de Ctésiphon, que Saporês le roi s'enquit de lui et le fit appeler auprès de lui. Notre maître se mit en route et se rendit chez Saporês le roi, puis s'en retourna et alla dans son Eglise. Lorsqu'il eut passé une petite heure à demeurer là, sans plus tarder Saporês le roi s'enquit de lui une nouvelle fois, il le fit appeler, et (notre maître) se mit à nouveau en route ; encore une fois, il se rendit chez Saporês le roi, parla avec lui, lui annonça la parole de Dieu, puis s'en retourna et rentra dans son Eglise. Une troisième fois encore, Saporês le roi s'enquit de lui et le convoqua, et (notre maître) s'en retourna chez le roi une fois de plus... *(Puis Mani lui-même déclare :)* Au moment où j'allais sur la mer en bateau, je mis en mouvement la terre entière des Indiens *(période de succès suivie de revers dus à l'opposition des autorités politiques)* ; je pris la mer une nouvelle fois. Je quittai la terre des Indiens et gagnai la terre de la Perside *(succès puis revers)* ; je sortis de la terre de la Perside et gagnai en Mésène la ville qui... *(le papyrus est lacuneux à cet endroit ; succès puis revers)* ; de ce lieu-là je suis allé dans la terre de Babylone, la ville des Assyriens (*succès puis revers provenant surtout des autorités des « dogmata »*, entendons clergés mazdéen et chrétien). Ce pays m'a fait une foule de combats. C'est pourquoi je quittai les Assyriens et me rendis dans la terre des Mèdes et des Parthes. J'ai en ce lieu-là joué de la harpe de la sagesse. »

En combinant les données fournies par ces deux textes et celles connues par ailleurs, on peut tirer les quelques remarques suivantes : c'est très probablement au début de 242 que prend fin la mission indienne du Turan. Mani a connu là-bas comme partout ailleurs succès et revers mais a réussi à implanter une communauté (« élire une élection ») à Deb. Le fragment parthe M 4575^{r} et le Keph. 1 concordent sur ce point. Mani revient du Turan par la mer en suivant le même itinéraire qu'à l'aller. Au retour il installe son pied à terre à Rew-Ardaxshir dans la province du Fars. Nombreuses prédications dans toutes les villes de Perside (ca 242-244). De Perside, Mani part prêcher d'abord en Susiane, puis en Mésène, où il put s'activer en controverses avec ses anciens coreligionnaires elchasaïtes des Bata'ih et où il gagna à sa cause un potentat local, frère du roi, Mihrshah (ca 245-250).

Mihrshah persuade Mani d'entrer en contact avec sa famille régnante à Ctésiphon, la capitale sasanide. Il se rend donc en Babylonie où, grâce à une lettre de recommandation il contacte d'abord Peroz, autre frère du roi, par qui il obtient audience auprès de Shabuhr (témoignage d'Ibn al-Nadim). Entrevues de Mani et de Shabuhr Ier, au terme desquelles Mani reçoit l'insigne honneur d'entrer dans la suite royale *(comitatus)* et de prêcher partout librement sa religion (ca 250-255).

De retour à Rew-Ardaxshir, Mani rédige le *Shabuhragan* et accompagne le roi dans sa campagne contre l'empereur romain, Valérien (ca 255-256). Au retour de la campagne, Mani entreprend une mission dans le nord-est de l'Iran, d'abord en Médie, puis en Parthie et dans le Khurasan. A Abar-shahr, capitale de la province occidentale du Khurasan, il implante une communauté à laquelle sont attachés les noms des « frères » Valash et Xosrau (ca 256-258).

Revenu à Rew-Ardaxshir, il reçoit une délégation de la communauté du Khurasan, accompagnant un notable non manichéen d'Abar-shahr, du nom de Daryav (Dara ou Daray) (ca 258-260). Puis Mani part pour Ctésiphon et s'installe sur la rive occidentale du Tigre, à Weh-Ardaxshir. Il compose ici, dans les années 262-263, les statuts définitifs de son Eglise et programme les missions de ses disciples « vers les quatre régions du monde ». Vers l'Ouest, c'est-à-dire en fait l'Egypte comme première étape sur le chemin de Rome, il envoie Adda et Patteg ; vers le Nord-Est (Parthie et Khurasan), il envoie Ammo qui atteindra Marw et passera l'Oxus où il convertira le Warutchan-shah. D'autres missions durent être envoyées à ce moment-là, dont la relation ne nous est pas parvenue : vers le Sud-Est (Fars et Inde), mais aussi vers les cités caravanières du Sud-Ouest jusqu'à l'extrémité de la péninsule arabique. Dans toutes ces cités, l'Eglise chrétienne syrienne avait déjà implanté des communautés.

Quant à Mani lui-même, il se charge alors du Nord-Ouest : il se rend d'abord dans le Beth Garmai et l'Adiabène où il réconforte la communauté déjà existante fondée par Adda et Abzaxya à Karkuk et implante avec d'autres frères plusieurs communautés dans la région de Mossoul, puis il passe dans le Beth ʿArabaye et le Tur ʿAbdin, c'est-à-dire selon l'expression du Keph. 1 dans les « régions frontalières de l'Empire romain ». Mani se trouve alors en plein cœur de la chrétienté d'expression syriaque (264-270).

En 270, la religion de Mani est implantée dans tout l'Iran ; à l'extérieur, le réseau des missions s'étend, comme le dit Mani dans le Keph. 1, « d'est en ouest », et il ajoute : « Mon espoir (*elpis*, synonyme d'Eglise) est parvenu jusqu'à l'orient du monde et en tous endroits de la terre habitée, aussi bien vers le nord que vers le sud. Aucun des apôtres (qui m'ont précédé) n'a jamais fait une telle chose ! » Par là, ce même Mani, qui dans le Keph. 76 déclare avoir parcouru le monde « en courant » (littéralement : sur la pointe des pieds), peut être considéré comme ayant réussi en trente années de pérégrinations à appliquer à la lettre le mot d'ordre de Jésus : « Allez vers les quatre régions *(klimata)* du monde. »

Cette missiologie des quatre *klimata*, qui servait

de conclusion aux collections de péricopes évangéliques et qui est à la base de la littérature apocryphe des apôtres où Mani l'a puisée, est le versant ecclésial et pratique de la prophétologie manichéenne. Nous avons là, répétons-le, le cœur même du manichéisme de Mani, tel que ce dernier l'a pensé, formulé et vécu. Dans un fragment en pehlevi (M 5794), Mani expose en dix points les raisons qui font de la religion qu'il a « élue » *(wizidan)* une religion supérieure et préférable à toutes celles qui l'ont précédée. La première des raisons invoquées est la suivante : « Les religions précédentes étaient pour une seule contrée et une seule langue. Par contre, ma religion à moi est telle qu'elle se manifeste *(paydag)* en toute contrée et toute langue et qu'elle est enseignée en des contrées lointaines. »

Ce texte n'est pas isolé. Mani ne cessera de reprendre cette idée force devant ses disciples. C'est à un développement de ce genre qu'on a affaire dans le Keph. 154 ; ce texte copte résume admirablement le projet ecclésial et missionnaire de Mani :

« Celui (= Jésus) qui a élu son Eglise en Occident, son Eglise n'a pas atteint l'Orient. Celui (= Bouddha) qui a élu son Eglise en Orient, son élection *(eklogê)* n'est pas arrivée en Occident. Quant à mon espoir, je l'administre de façon à ce qu'il parvienne en Occident et qu'il soit porté pareillement en Orient. Et l'on entendra la voix de sa prédication en toutes langues, et elle sera annoncée en toutes villes. Mon Eglise est supérieure, en ce premier point, aux Eglises précédentes car les Eglises précédentes n'ont été élues que pour des lieux particuliers et des villes particulières. Mon Eglise, je l'administre de façon à ce qu'elle parvienne dans toutes les villes et que sa bonne nouvelle atteigne tout pays. »

X. — Les dernières années

Lorsque Shabuhr Ier meurt (ca 272-273), Mani a fait de la capitale sasanide le fief de sa religion et a implanté un réseau de communautés non seulement autour d'elle mais dans les régions les plus reculées de l'empire. L'Iran peut donc, du jour au lendemain, se réveiller manichéen si le roi des rois le décide. Mais il n'y a pas eu de si, car le fils et les petits-fils d'Ardashir restèrent zoroastriens, c'est-à-dire maintinrent la religion d'Etat sous le contrôle des prêtres du feu.

Dès qu'eut lieu l'accession d'Hormizd Ier au trône de son père Shabuhr, Mani, comprenant comme tout chef religieux que la réussite d'une mission et l'avenir d'une Eglise sont liés à une décision de caractère politique, se dépêcha de rentrer dans la capitale.

Il est probable qu'il ne resta pas là à attendre passivement les événements mais courtisa et intrigua, et cela d'autant plus aisément que bien des membres de la famille et de la suite royale étaient ses familiers. S'il fut d'abord rassuré des bonnes intentions d'Hormizd à son égard puisque la politique de tolérance du père serait poursuivie par le fils, il vit cependant non sans quelque déception le règne d'Hormizd prendre fin au bout de quelques mois (fin 273 ?) sans qu'intervienne pour sa religion le changement de statut décisif.

Le statu quo se maintint durant les premiers mois du règne du frère et successeur d'Hormizd, Vahram Ier. Ce prince, que l'on a dépeint comme « avide de jouissance et peu énergique » (Christensen), laissa peu à peu le pouvoir réel passer entre les mains du clergé officiel et de l'un de ses guides dans l'Iran d'alors : Kirdir.

Ce dernier n'avait pas attendu le règne de Vahram Ier pour juger de l'homme Mani et de son œuvre. Prêtre et didascale de la religion mazdéenne dans le *comitatus* de Shabuhr Ier, Kirdir a pu aux premières loges assister à la naissance et à l'expansion de cette nouvelle religion, prétendant réunir sous sa bannière à la fois Zoroastre, Bouddha et Jésus. Ce qui certainement dut éveiller très tôt les soupçons de l'*herbed*, c'est de voir Mani courtiser lui aussi le roi, réussir à rallier à sa cause quelques-uns des princes royaux et des gouverneurs de province, noyauter l'administration impériale, bref intriguer dans le but évident de supplanter un jour la religion traditionnelle et de devenir ministre unique d'un culte unique venu, en fin de compte, de l'étranger.

L'inscription de Kirdir, retrouvée sur la « Kaʿba-i Zardusht » à Naqsh-i Rustam près du site de l'antique Persépolis, mentionne expressément que l'*herbed* de Shahbuhr a été, ou plutôt s'est promu *mowbed*, au sommet d'une hiérarchie mazdéenne se constituant en orthodoxie sous les règnes des petits-fils d'Ardashir. Or, entre autres titres de gloire énoncés par lui-même au service de la religion, Kirdir déclare :

« J'ai fait prospérer nombre de feux et de mages dans le pays d'Iran ; et moi aussi, dans les pays de l'Aniran, les feux et les mages qui étaient dans les pays de l'Aniran, là où parvinrent chevaux et hommes du roi des rois : la ville d'Antioche, et le pays de Syrie, et, ce qui est au-delà de Syrie, la ville de Tarse et le pays de Cilicie, et ce qui est au-delà du pays de Cilicie, la ville de Césarée et le pays de Cappadoce, et au-delà de la Cappadoce, vers le pays de Galatie et le pays d'Arménie, l'Ibérie, l'Albanie et le Balasakan, jusqu'à la porte d'Albanie — Shahbuhr, roi des rois, par ses chevaux et ses hommes, fit pillage, incendie et dévastation, là même, moi, sur l'ordre du roi des rois, j'organisai les mages et les feux qui étaient dans ces pays. J'interdis de faire pillage, et le butin qui avait été fait je le fis restituer à ces pays. Les mages qui étaient bons, je leur donnai rang et autorité dans le pays. Quant aux hommes hérétiques ou dégénérés qui dans le corps des mages menaient une vie inconvenante, je leur fis subir châtiment et réprimande. Ils s'amendèrent et je fis chartes et patentes pour nombre de feux et de mages. Grâce à l'appui des dieux et du roi des rois, je fondai en Iranshahr nombre de feux, et je fis nombre de mariages consanguins ; nombre d'hommes qui ne professaient pas (la foi) la professèrent, et nombre de ceux qui tenaient la doctrine des démons, grâce à mon action, abandonnèrent la doctrine des démons et adoptèrent la doctrine des dieux » (traduction J. de Menasce).

Accompagnant Shabuhr aux frontières de l'empire et au-delà, Kirdir rétablit l'orthodoxie et le strict droit mazdéens dans toutes les zones pacifiées par les militaires. Or dans les mêmes lieux, à la même époque, dans les mêmes circonstances, dans la même suite royale, Mani eut aussi l'occasion de profiter de la pacification pour prêcher son « espoir » et implanter ses propres fondations. Il semble donc que la conquête sasanide ait été suivie d'une double mission en sens contraire : d'un côté, récupération centripète d'une orthodoxie qui ne pouvait que s'effriter et dégénérer au contact de l'étranger (réforme de Kirdir), de l'autre, force centrifuge d'une « hérésie » qui ne pouvait que se fortifier au contact de l'étranger (prophétologie de Mani). Dans le combat idéologique que se livrent les deux visionnaires dès l'époque de Shahbuhr, c'est le premier qui peu à peu va marquer les points décisifs par mainmise sur le pouvoir politique. Sous le règne de Vahram Ier, il semble bien que cette mainmise soit totale.

Il ne reste plus désormais à Mani qu'à quitter la scène où se jouera sans lui et contre lui la politique des grands de ce monde. Dans ce jeu sans pitié il sait dès lors qu'il a perdu et qu'il est perdu. C'est dans le contexte de cette époque douloureuse qu'il convient de situer, à mon avis, la radicalisation pessimiste et dualiste de la lyrique et de l'homilétique manichéennes, ainsi que la composition par Mani de sa version du livre des Géants ; sous le voile du langage d'un conte biblique popularisé par la plus célèbre des apocalypses *(Hénoch)*, il y narre les méfaits des tyrans *(kawan)* et en prophétise le déclin et la chute.

Les derniers voyages de Mani auront pour théâtre d'opération les lieux mêmes de son enfance, de sa jeunesse et de la naissance de son Eglise. C'est ainsi qu'il visite d'abord les communautés de Babylonie et reçoit les frères venus des missions, à qui il remet lettres, documents et instructions. Par petites étapes, il atteint Hormizd-Ardaxshir (Suq al-Ahwaz) dans le Khuzistan, avec l'intention (le témoignage des Homélies coptes est formel sur ce point) d'entreprendre un long voyage vers le Khurasan. Par là, il atteindrait le territoire Kushan où Ammo était parti autrefois en éclaireur et qui, depuis, par le grand nombre de fondations était devenu un fief manichéen. Mais le projet ne put aboutir. Un arrêté de la police impériale interdit à Mani d'aller plus avant. Il repasse alors en Mésène et gagne Ctésiphon par la voie fluviale.

Il visite Kholassar (Artemita), à mi-chemin entre Baghdad et Dastagerd, à 94 km de Séleucie. Le roitelet de Kholassar, du nom de Bat, était l'un de ses convertis de fraîche date. C'est là que parvient à Mani l'ordre de se rendre à Beth-Lapat (Gundeshabuhr) en Susiane pour comparaître devant le roi. Henning voit avec vraisemblance dans la conversion de Bat, ce vassal de Vahram, la cause directe de la colère du roi et de la décision de convoquer Mani.

Bat fait un bout de chemin avec Mani au moins jusqu'au Gaukhai (Jukhi ou Jukha) dans le Beth-

Deraye. Une tradition populaire locale, enregistrée par Ibn al-Nadim, fit plus tard du Gaukhai, où demeurait une importante communauté manichéenne, sans doute en souvenir de la visite d'adieu que lui fit Mani, le lieu de naissance du prophète.

Mani arrive enfin à Beth-Lapat en compagnie de quelques frères, parmi lesquels son drogman Nuhzadag (bar-Nuh), Abzxya le Perse et Kustai. Les services de police conduisent aussitôt le groupe à la résidence royale. Prévenu de l'arrivée de Mani, Kirdir informe à son tour l'officier d'ordonnance, lequel prévient Vahram en train de manger après une partie de chasse : « Mani est arrivé, il se tient à la porte ! » Vahram envoie son aide de camp prévenir Mani d'attendre un moment. Mani regagne le poste de garde à l'entrée du bâtiment. Son repas achevé, Vahram se lève de table et, bras dessus bras dessous avec la reine de Sakas et Kirdir, rejoint Mani. Le dialogue s'engage :

VAHRAM. — Tu n'es pas le bienvenu !

MANI. — Qu'ai-je fait de mal ?

VAHRAM, évasif. — J'ai juré de ne pas te laisser venir dans ce pays — et d'ajouter en un flot de paroles, comme disent les Homélies coptes, le visage tordu de colère et de mépris — Eh ! à quoi es-tu bon ? Tu n'es ni soldat ni chasseur ! Peut-être a-t-on besoin de toi pour administrer drogues et médecines ? Mais tu n'es même pas capable de ça !

MANI. — Je n'ai rien fait de mal. J'ai toujours bien agi envers toi et les tiens. Nombreux tes serviteurs que j'ai délivrés de démons et d'envoûtements, nombreux ceux que j'ai guéris de la maladie, nombreux ceux dont j'ai écarté toute sorte de fièvres, nombreux ceux qui se mouraient et à qui j'ai rendu la santé !

VAHRAM, droit au but. — Voilà trois ans entiers

que tu marches avec Bat ! Quelle est cette religion *(nomos)* que tu lui as enseignée, qu'il en vienne à laisser tomber les nôtres (= le clergé mazdéen) et à suivre les tiens ? Quelle explication donnes-tu à cela ? Pourquoi ne t'es-tu pas rendu avec lui là où je t'avais prescrit de te rendre impérativement ?

La vraie raison est là. Pour Vahram et son ministre des cultes, la conversion de Bat n'est pas tolérable. D'autre part, Mani n'a pas obtempéré à l'assignation à résidence, qui avait dû lui être signifiée à son retour d'Hormizd-Ardaxshir, vraisemblablement dans une localité proche de la capitale.

Désormais il n'y a plus pour Mani d'échappatoire possible, et il est fort douteux que la discussion se soit alors engagée sur le terrain théologique, ainsi que voudrait le faire croire la relation de l'entrevue consignée dans les Homélies coptes.

Mani, qui n'a plus rien à perdre, fait alors remarquer que l'attitude de Vahram est en contradiction avec celle de son père Shabuhr. Ce dernier était plein d'égards vis-à-vis de Mani et lui témoignait par écrit toute son estime. Preuve à l'appui, Mani lit une lettre que lui avait adressée Shabuhr. Cette fois, c'en est trop ! Mani est envoyé aux fers sur-le-champ. Chargé d'un demi-quintal de chaînes, une au cou, trois aux pieds, trois autres aux mains, il a la force de recevoir ses disciples et leur confie un ultime message. Au bout de quelques jours de détention, il meurt épuisé.

Le mémorial des jours et des heures de la passion (« crucifixion ») de Mani, enregistré par l'Homélie copte, est une sanctification du mois fabriquée par la tradition (4 jours de procès + 26 jours de détention), non une chronologie historique. En outre, il est difficile de savoir ce qu'est devenu le cadavre de Mani : démembré ? écorché ? empaillé puis pendu ? exposé puis dépecé par les bêtes ? décapité puis tête accrochée à la porte de la ville ? découpé en deux puis cloué sur deux portes ? Tous détails qui proviennent d'une hagiographie manichéenne composant à l'envi les actes de son grand martyr. Al-Biruni, à l'ordinaire si loquace en matière de dates et de calendriers, vraisemblablement embarrassé par le silence ou le désaccord de ses sources, est muet sur la date de la mort de Mani ; les mentions de mois, de jours et d'heures, que livrent les documents d'Asie centrale, ne construisent qu'un calendrier à usage liturgique. La mort de Mani, intervenue sous Vahram Ier, trois ans après la conversion de Bat, se situe probablement en 277, quelques mois avant la mort du roi. Mani avait une soixantaine d'années.

Chapitre II

LES LIVRES

I. — Ce que Mani lisait

Par la formation religieuse reçue dans son milieu social, Mani a eu très tôt accès à travers une traduction araméenne orientale aux écrits néotestamentaires, les quatre évangiles et les épîtres de Paul. Il a aussi connu les quatre évangiles sous leur forme diatessarique, c'est-à-dire harmonisée. Dès la fin du IIe siècle, en effet, le Diatessaron syriaque de Tatien connaît un vif succès dans la chrétienté mésopotamienne. Des fragments évangéliques cités en latin par les docteurs africains lors des joutes exégétiques avec Augustin aussi bien que des fragments des discours de Jésus en paraboles retrouvés à Tourfan montrent qu'aux deux extrémités de l'aire d'expansion du manichéisme une forme harmonisée des évangiles fut utilisée également par les disciples.

Par son milieu elchasaïte, Mani prit aussi connaissance des écritures lues dans la communauté baptiste. D'abord le livre des révélations dont fut bénéficiaire le prophète « Elchasaï », puis les autres livres de révélations et de visions mis sous l'autorité des premiers messagers de Dieu et très en vogue dans les courants judéochrétiens : apocalypses d'Adam, de Seth, d'Hénoch, de Noé.

La passion de l'aventure missionnaire chez Mani ne peut également s'expliquer que par un contact prolongé avec les récits romanesques remplis à leur tour de visions, de voyages et de drames, que la chrétienté araméenne élabora sur ses apôtres favoris : actes de Jean, de Pierre, de Paul, d'André et de Thomas. La destinée de ce dernier impressionna particulièrement le jeune Mani. Tout d'abord, la tradition faisait de Thomas, ainsi que le voulait son nom lui-même, le « jumeau » *(tawm)* de Jésus ; d'autre part, c'est à ce Thomas, son « jumeau », que Jésus avait transmis ses paroles secrètes (Evangile selon Thomas) ; c'est à Thomas, enfin, que Jésus avait confié la mission d'aller le plus loin vers l'Est, en Inde, convertir les rois et leurs peuples (actes de Thomas). Ainsi, la légende de Thomas détermina l'histoire de Mani ; la vocation du second apparaît, en effet, comme le produit direct de la croyance de la chrétienté orientale au destin d'exception du premier, tant et si bien que comprendre Mani passe en grande partie par l'examen de l'histoire des traditions relatives à la fiction littéraire de l'apôtre Thomas.

Devenu fondateur de religion, Mani lut et assimila, ainsi qu'en témoigne le contenu du livre des *Mystères*, les traités philosophiques et les recueils de poésies et de chants sacrés de Bardesane. Il semble peu probable qu'il ait lui-même connu les révélations toutes récentes écrites en grec et mises par les « mages hellénisés » sous l'autorité des prophètes chaldéens : apocalypses de Nicothée, de Zoroastre, de Zostrien, d'Allogène et de Messos. Par contre, il utilisa l'apocalypse d'Hystaspe pour écrire la deuxième section de ses *Mystères*. A tous ces écrits, il faudrait ajouter également d'autres écrits mineurs attribués à tel personnage de l'Ancien ou du Nouveau Testament (cycles de légendes, prières, évocations hymniques), ainsi que des pièces brèves mais littérairement autonomes (cantilènes, complaintes et cantiques des communautés chrétiennes d'Iran).

Mani semble bien n'avoir jamais connu, et cherché à connaître, le texte de la Bible juive, même à travers son interprétation targoumique. Ce qui est juif ne l'intéresse pas et suscite même son irritation. Il exécrait le livre de la Loi des Juifs par expérience religieuse, puisque ce livre continuait à servir de Loi et à asservir sous la Loi ses frères baptistes qui se disaient aussi chrétiens ! La prise de conscience de cette contradiction décida de sa rupture avec l'elchasaïsme. Les seules sections de la Bible juive estimées par lui dignes d'intérêt (les premiers chapitres de la Genèse), il les connut à travers la littérature apocryphe.

Au contact des livres, Mani apprit la science du livre et transmit à ses disciples l'amour des beaux livres. Peintre lui-même, à telle enseigne que son nom dans la culture de l'Iran islamique est devenu symbole de la beauté la plus raffinée, Mani passa maître dans l'art de dessiner les lettres avec la même précision et la même harmonie qu'emploie le peintre pour régler l'enchevêtrement des lignes et des couleurs. On oublie trop que le manichéisme est aussi une esthétique, et son fondateur un artiste.

Au contact des livres de révélations écrits en cursive araméenne orientale, Mani apprit à se servir de sa langue maternelle et à en faire un outil parfaitement adapté à la transmission de sa doctrine. Mais, pour que ses propres productions écrites en syriaque fussent accessibles au public de langue iranienne, il fallait les traduire. Or, aucun idiome iranien — ni le pehlevi, langue du Sud-Ouest, dérivé du vieux-perse, ni le parthe, langue du Nord-Est, dérivé du mède — n'était littérairement apte à supporter un tel transfert. D'une part, parce qu'en raison du très petit nombre de signes (treize), la graphie restait très éloignée de la phonétique et entraînait une grande confusion et ambiguïté dans l'interprétation des leçons et l'exercice de copie ; d'autre part, parce que la présence constante de mots araméens déformés pour les notions les plus courantes (système dit des idéogrammes) transformait le texte le plus simple en véritable rébus. Mani procéda donc à une réforme drastique de l'écriture idiomatique iranienne : 1) en substituant l'alphabet syriaque oriental (22 lettres avec semi-voyelles) à l'écriture pehlevie ; 2) en abandonnant avec le système des idéogrammes le parti pris archaïsant des copistes officiels. En somme, il chercha à faire écrire l'iranien tel qu'il se prononçait, la langue vivante prenant le pas sur la langue hiératique. L'instrument qui résulta de cette réforme — instrument que l'on a coutume d'appeler « alphabet manichéen » — fut si pratique et si clair qu'il devint bien sûr l'outil de propagande des manichéens sur toute l'étendue du domaine iranien mais qu'il fut adopté aussi par des non-manichéens (Sogdiens et Turcs) pour transcrire et traduire les Ecritures indiennes et bouddhiques.

Par là aussi donc, Mani occupe une place centrale en culture iranienne et dans l'histoire générale de l'écriture. En moulant sa prophétie dans une langue moderne et clairement écrite, il tourne résolument le dos aux conservateurs du hiératisme linguistique de la religion d'Etat (langue archaïsante = religion vieillissante) et ouvre la voie à l'adoption de l'écriture arabe par l'Iran islamisé. Car une religion du

Livre — comme le sont les deux prophéties de Mani et de Mahomet — se doit de posséder, pour dire Dieu, la clarté de langue et d'écriture.

II. — Les œuvres de Mani

Les œuvres de Mani sont au nombre de neuf : le *Shabuhragan*, l'*Evangile*, le *Trésor*, les *Mystères*, les *Légendes*, l'*Image*, les *Géants*, les *Lettres*, enfin les *Psaumes et Prières*.

1. **Le « Shabuhragan ».** — La première en date des œuvres de Mani est un écrit composé directement en pehlevi et dédié à Shabuhr Ier. Des morceaux substantiels de l'œuvre originale sont parvenus grâce aux manuscrits de Tourfan et ont été récemment l'objet d'un reclassement, avec adjonction de bon nombre de pièces nouvelles, translittération, traduction et notes, par les soins de D. N. MacKenzie.

En écrivant le *Shabuhragan*, Mani avait pour but de se formuler à lui-même quelques-unes de ses intuitions de fondateur et de faire comprendre à son royal dédicataire les traits spécifiques de la nouvelle religion. Les unes et les autres tiennent en deux termes qui définissent le plan de l'ouvrage : prophétologie et apocalyptique.

La prophétologie, par laquelle s'ouvrait le livre et d'où al-Biruni a tiré un fragment essentiel, affirmait la continuité de la proclamation de « la sagesse et de la connaissance » depuis Adam jusqu'à Mani. Au terme de cette chaîne, Mani se proclamait « sceau des prophètes », c'est-à-dire celui qui, en étant historiquement et absolument le Dernier, mettait un terme à l'histoire et préparait l'avènement de l'éon nouveau.

La théologie du « sceau de la prophétie » débouchait directement dans la description d'une métahistoire dont la forme littéraire était à cette époque l'apocalyptique. Pour construire le scénario de son espérance eschatologique, Mani puisa, ici aussi, abondamment et surtout, dans les écrits néotestamentaires (péricopes synoptiques sur la fin du monde et le jugement, témoignages pauliniens sur l'attente parousiaque), ainsi que dans la littérature spécialisée principalement hénochique.

Après un bref rappel des deux principes envisagés d'un point de vue cosmologique (ici prend place le fragment copié par al-Shahrastani chez ʿAbd al-Jabbar), Mani en vient tout de suite à son propos d'apocalypticien. Les prodromes de la fin des temps sont alors décrits sous les couleurs d'une « grande guerre », ère de conflits et de troubles dans les empires, les religions et les astres. Ces prodromes ouvrent la voie à l'ère messianique marquée par la parousie du Fils de l'Homme, ici appelé Xradeshahryazd (« dieu du monde de la sagesse »), c'est-à-dire Jésus-Splendeur, qui vaque au jugement des bons (adeptes de la vraie religion) et des méchants (ennemis de la religion). Pour décrire ce jugement, Mani cite littéralement tout le texte de l'Evangile selon Matthieu 25, 31-46 relatif au jugement dernier. La séparation qui suit le jugement marque le retour aux origines (séparation des mondes antinomiques), tout comme la venue au dernier âge de Xradeshahryazd, sous l'égide de qui s'était déroulée la chaîne des prophètes, marque le retour à la première prophétie scellée dans la révélation adamique et l'état paradisiaque. Par ce retour commence alors l'apocatastase (mp : *frashegird*) qu'inaugure l'entrée en scène de Mihryazd descendant du char du soleil. Mihryazd déclenche alors le grand feu destructeur des mondes et opère le rassemblement de l'âme, c'est-à-dire le règne des élus dans une terre céleste rénovée, le nouveau paradis *(wahisht i nog)*.

La section initiale du *Shabuhragan* (prophétologie) a servi de cadre théologique à l'auteur du Keph. 1 intitulé « Sur la venue de l'apôtre » ; la section finale (apocalyptique) a été commentée par Kustai dans le Sermon de la grande guerre (Homélie II).

2. **L' « Evangile ».** — Mis en tête du corpus manichéen par les successeurs immédiats du fondateur, l'*Evangile* de Mani, dont le titre complet a pu être « Evangile vivant » et que la tradition manichéenne surnommait « Grand Evangile vivant » ou encore « Evangile de la très sainte espérance », a été écrit par Mani en syriaque et divisé par lui en 22 sections selon les 22 lettres de l'alphabet araméen, d'alef à taw (d'alpha à oméga, diront les Homélies coptes, en utilisant les première et dernière lettres de l'alphabet grec).

Trois fragments de cet *Evangile* sont conservés dans le *CMC* : *a)* p. 66, 4-68, 5 (préambule) : « Moi, Mani, apôtre de Jésus-Christ de par la volonté du Dieu Père de la vérité... » ; *b)* p. 68, 6-69, 8 : Mani déclare que sa mission consiste à révéler au monde, c'est-à-dire devant les fausses religions et les nations païennes, les secrets *(aporreta)* qui lui ont été confiés sous mode de révélations ; *c)* p. 69, 9-70, 10 : ces révélations sont intervenues au moment où lui, Mani, faisait encore partie de la Loi, c'est-à-dire des elchasaïtes, lorsqu'il reçut la visite de l'ange, son « jumeau ».

Selon le résumé succinct mais essentiel qu'en a fourni dans *al-Athar* al-Biruni — il en possédait un exemplaire dans sa bibliothèque — Mani exposait dans cet *Evangile* qu'il était « le paraclet annoncé par le Christ et le sceau des prophètes ». Il est fort probable que le fondateur prolongeait dans cet écrit les affirmations des premières pages de son *Shabuhragan* par l'utilisation systématique de l'argument scripturaire, c'est-à-dire à l'aide d'une démonstration exégétique fondée sur des citations glosées tirées des Synoptiques, de l'Evangile de Jean et des Epîtres pauliniennes. En effet, de même que le Nouveau Testament relit les anciennes prophéties de la Bible juive en fonction de Jésus, Mani y relisait le Nouveau Testament en fonction de lui-même. C'est donc à bon droit que le Psautier copte surnomme cet *Evangile*, placé en tête du canon manichéen, « le roi des écrits » de Mani, « son Nouveau Testament », puisque le fondateur y développait le fondement biblique et prophétologique de sa mission ecclésiale :

« La vérité je l'ai montrée à mes compagnons de route, la paix je l'ai annoncée aux enfants de la paix, l'espoir je l'ai proclamé à la génération immortelle, l'élection je l'ai élue, et la voie qui mène à la hauteur je l'ai montrée à ceux qui vont vers le haut, et cette révélation je l'ai révélée, et cet évangile immortel je l'ai mis par écrit pour y déposer ces mystères *(orgia)* sublimes et y dévoiler de très grandes œuvres *(erga)* » (fragment *a*).

Du vivant même de Mani, cet *Evangile*, qui fut le livre de poche des missionnaires manichéens, fut traduit dans toutes les langues que parlaient les communautés du fondateur, en grec bien sûr (texte des fragments dans le *CMC*) mais aussi en moyen-perse (M 17 et 733) et en parthe d'où dérive la version sogdienne (M 172). Bon nombre de fragments de Tourfan relatifs à la prophétologie manichéenne et à l'exégèse des paraboles néotestamentaires doivent, à mon avis, être rattachés à l'*Evangile*. Les successeurs de Mani accompagnèrent ce texte d'un long commentaire homilétique, dont les débris d'une version copte (inédite) sont conservés dans le lot berlinois des manuscrits ramenés par C. Schmidt (P 15995).

3. **Le « Trésor ».** — Composé en syriaque et appelé aussi « Trésor des vivants » *(simath hayye)* ou « Trésor de la vie » (copt : *pthesauros mponh*), le *Trésor* est un titre qui provient du vocabulaire biblique sapientiel. Les Arabes l'ont interprété par l'expression « Trésor de la vivification » *(Kanz al-ihya)*. Trois fragments ont été conservés par la documentation indirecte. Ils doivent être lus dans l'ordre suivant :

Fragment *a* : al-Biruni, *Tahqiq*. Les armées (*al-junud*, hébraïsme désignant les légions d'anges) ne diffèrent pas par la beauté ou le sexe (fg *a1*) mais par la fonction que leur assigne le Troisième Messager (fg *a2*). Les deux parties du fragment sont reliées par une brève scholie d'al-Biruni.

Fragment *b* : Augustin, *De natura boni*, 44 (citation reprise par Evodius, *De fide contra Manicheos*, 14-16). Le Troisième Messager, qui préside dans le monde d'en haut à la mise en place des énergies divines, a pour fonction d'exploiter les phénomènes d'attirances et de répulsions qui divisent les corps célestes antagoniques. Les éléments vivants libérés par lui montent et réintègrent alors les puissances lumineuses, le résidu non récupérable descend et forme le mélange terrestre.

Fragment *c* : Augustin, *Contra Felicem*, II, 5 (citation reprise par Evodius, *De fide contra Manicheos*, 5). Si les éléments résiduels des démons *(spiritus)* pénètrent dans les hommes, c'est par suite de la négligence de ces derniers. Augustin en tire, à juste titre, la conclusion que Mani ne niait pas le libre arbitre.

Ces trois fragments, qui forment une unité, faisaient partie d'un même ensemble à l'intérieur de l'ouvrage, sans doute du livre VII qu'Augustin mentionne explicitement en introduisant le fragment *b*. Quant à l'expression « dans le livre II du *Trésor* », qui introduit la citation du fragment *c* chez Evodius seul, elle renvoie au numéro d'ordre de l'ouvrage dans le canon manichéen et ne doit pas être comprise comme référence à une division interne de l'œuvre.

Trois témoignages sur le *Trésor* sont connus, c'est-à-dire se réfèrent à des parties de l'ouvrage. Les Kephalaia coptes disent (91, p. 230) que Mani y parlait de la « bonne perle ». Al-Masʿudi signale dans *al-Tanbih wa-l-ishraf* que Mani y traitait des marcionites. Le *Ta'rikh* d'al-Yaʿqubi laisse entendre que, dans son exposé de l'origine du mal moral, Mani y montrait que ce dernier était la conséquence des conflits inhérents au monde des puissances et non totalement résorbés par l'intervention du Messager héliaque.

Le *Trésor* semble bien avoir été le premier exposé systématique de théologie, rédigé comme apologie défensive de la nouvelle Eglise. A la conception de l'Eglise comme corps spirituel du prophète, qui faisait l'objet de l'*Evangile*, le *Trésor* ajoutait une vision de cette même Eglise comme partie et corps de l'Eglise angélique.

4. **Les « Mystères ».** — Le plan des *Mystères* (syr : *raze*) ou Livre des Mystères (gr : *ta tôn musteriôn*, copt : *pjôme nmmusterion*, ar : *sifr al-asrar*) est connu par la notice d'Ibn al-Nadim dans *al-Fihrist*, lequel donne la liste de toutes les sections ou chapitres *(abwab)* de l'ouvrage :

i) « Notice sur les Daysanites » : C'est-à-dire contre les théories de Bardaisan (= Bardesane), poète et « philosophe des Araméens », mort en 222, dont les disciples étaient non seulement implantés dans les communautés chrétiennes de l'Osrhoène et du Tur ʿAbdin, mais aussi en Babylonie. Ephrem signale que Bardesane avait composé également un Livre des Mystères. Ceci expliquerait le titre choisi par Mani, ce dernier ayant voulu de la sorte opposer au *De mysteriis* de Bardesane son propre *De mysteriis*.

ii) « Témoignage d'Hystaspe sur le Bien-aimé » : On peut supposer que Mani devait alléguer dans ce chapitre un témoignage tiré d'un texte de révélation mis sous le nom d'Hystaspe (ar : Ystasf), le roi mythique converti par Zoroastre, et l'appliquer à l'un des personnages de son panthéon, Jésus vraisemblablement.

iii) « Témoignage... sur son âme par Jacob » : Le texte de cet intitulé n'est pas sûr. La méthode exégétique utilisée ici devait être la même que dans le chapitre précédent. Mani y aurait utilisé une spéculation pseudépigraphique (la Prière de Joseph) relative à l'ange Jacob pour appuyer un point de sa propre mythologie.

iv) « Le fils de la veuve » : Le titre fait penser au fils de la veuve de Sarepta ramené à la vie par le prophète Elie (cf. 1 Rois 17, 8-24 et Luc 4, 25-26). Mais la glose d'Ibn al-Nadim est formelle : « Il s'agit, pour Mani, du Messie crucifié qu'ont crucifié les Juifs. » Le titre est donc à prendre au sens littéral : Jésus fils de Marie veuve de Joseph.

v) « Témoignage de Jésus sur son âme dans Jude » : En tenant compte du préambule de l'Evangile selon Thomas : « Voici les paroles secrètes que Jésus le vivant a dites et qu'a écrites Didyme Jude Thomas », on peut estimer que Mani s'employait dans cette section à commenter des paroles *(logia)* de Jésus transmises dans une tradition mise sous l'autorité de Jude Thomas et reprise par l'Evangile selon Thomas.

vi) « Commencement du témoignage du Juste après son triomphe » : Peut-être exégèse d'un fragment de l'Apocalypse d'Hénoch, dit le Juste (al-Yamin).

vii) « Les sept esprits » : Le mot « esprits » *(arwah)* est à prendre ici au sens démonologique comme personnification des puissances funestes liées aux sept astres de la Destinée, réinterprétés en version manichéenne.

viii) « Déclaration *(al-qaul)* sur les quatre esprits éphémères » : La personnification démonologique ne concernerait plus cette fois les jours de la semaine, mais le mois organisé en tétrade.

ix) « La risée » *(al-duhka)*, et non pas, me semble-t-il, le « rire » *(al-dahka)* : Peut-être allusion aux moqueries dont Mani était l'objet de la part des tenants des « fausses religions », à l'imitation de Jésus qui fut la risée de ses coreligionnaires.

x) « Témoignage d'Adam sur Jésus » : Il est probable que Mani devait interpréter ici des extraits prophétologiques tirés d'une apocalypse d'Adam (sans doute celle citée par le *CMC*, et non point celle retrouvée en copte dans les manuscrits de Nag Hammadi), pour établir la chaîne des prophètes d'Adam à Jésus.

xi) « Déchoir de la religion » : Cette section pouvait concerner, non l'apostasie religieuse, mais quelques points de morale pratique dont la non-observation entraîne *de facto* tout fidèle hors de la vraie religion.

xii) « Doctrine des Daysanites (= Bardesanites) sur l'âme et le corps » : La théorie bardesanienne, tributaire d'idées philosophiques grecques, en particulier, platoniciennes, devait être accentuée ici dans le sens d'un antisomatisme radical (cf. xiii *a*).

xiii) « Réfutation des Bardesanites concernant l'âme vivante » : Suite de la section précédente.

Ont pu faire partie de ce chapitre relatif à la partie la plus haute de l'âme, appelée « moi vivant » ou « âme de la vie » *(nafs al-hayah)*, les trois fragments suivants cités dans le *Tahqiq* d'al-Biruni : *a)* le corps étant prison et châtiment, l'âme n'est réellement vivante qu'en-dehors du corps (212, 15-18 Afshar) ; *b)* Mani cite un logion de Jésus sur le châtiment des âmes qui n'ont point atteint le repos, c'est-à-dire trouvé la vérité au terme de leurs transmigrations (212, 11-14) ; al-Biruni déclare expressément que le fragment provient du *Sifr al-asrar* et précise que « périr » chez Mani ne signifie pas « disparaître » mais « être châtié » ; *c)* Mani cite un autre logion de Jésus sur l'immortalité de l'âme qui a trouvé la vie (non cité dans Afshar).

xiv) « Les trois fossés » : Cette section s'attachait à développer un point de la cosmologie. Les fossés (ar : *khanadiq*, gr : *phossata*) désignent la série de retranchements (leur nombre varie entre trois et sept) creusés autour du monde et qui servent de dépotoirs à démons (cf. Kephalaia 43 et 45).

xv) « La préservation du cosmos » : Cette section devait concerner l'œuvre démiurgique de l'Esprit vivant et le travail de soutènement accompli par le Troisième Messager, en particulier par la mise en place des deux luminaires et des ligaments cosmiques. Je placerai dans cette section le logion de Mani cité dans le *Tahqiq* d'al-Biruni, p. 215, 19-21 Afshar, et qui est relatif au rôle du soleil et de la lune comme « voies » et « portes » des âmes.

xvi) « Les trois jours » : Thème des trois jours *(ayyām)* de la théogonie, repris et développé par la tradition des Kephalaia (39) : « Sur les trois jours et les deux morts ».

xvii) « Les prophètes » : Mani apportait ici quelques éclaircissements sur sa doctrine prophétologique, en distinguant les « faux prophètes » des religions du monde (en particulier les prophètes historiques du judaïsme) et les prophètes véritables ou envoyés de Dieu (Adam, Seth, Jésus). Un témoignage d'al-Ya'qubi fait certainement référence à cette section des *Mystères*, lorsqu'il déclare que Mani se moquait dans *Sifr al-asrar* des miracles des prophètes. Un fragment contre les astrologues, vraisemblablement extrait de cette section, est cité dans le *Tahqiq* d'al-Biruni, 214, 23-25, 2 Afshar.

xviii) « Le jugement final » : Dernière section de l'ouvrage, consacrée à l'eschatologie et complétant l'exposé du *Shabuhragan*. L'expression du titre courant *(al-qiyama)* ne peut être interprétée comme signifiant « résurrection ».

Comme le *Trésor*, le livre des *Mystères* est donc un ouvrage d'apologie défensive. De petits exposés sur quelques points de la pensée et de la religion y avoisinaient des controverses contre les Bardesanites, les Juifs et les « fausses religions », les uns et les autres suscités par les circonstances et la nécessité d'éclairer des disciples voués à la prédication en terrain adverse. Le caractère original du livre tient dans l'utilisation massive du témoignage d'écrits apocryphes (chrétiens ou non), dont sentences et récits étaient appliqués par Mani à Jésus. Ce fait, ainsi que la part importante réservée aux controverses antibardesanites, montre que l'ouvrage a été composé au contact des communautés chrétiennes de Syrie et de Mésopotamie, plutôt dans la période finale de l'activité missionnaire de Mani (260-270).

Dans la liste qu'il donne des lettres de Mani et de ses successeurs, Ibn al-Nadim signale que le livre des *Mystères* a été l'objet d'un commentaire sous forme d'épître *(risala)* de la part d'un certain

ʿAbdiel, qui pourrait bien être le Timotheos cité à plusieurs reprises dans le *CMC*.

5. **Les « Légendes ».** — Mani a composé en syriaque un cycle de légendes dont l'intitulé grec *(Pragmateia)*, passé en araméen, a été reproduit tel quel dans les traductions arabe et chinoise de l'ouvrage.

Que veut dire le titre grec ? Le terme n'a pas ici le sens philosophique de « traité ». Le traduire ainsi est non seulement gênant (confusion possible avec l'exposé manichéen chinois publié et traduit par Chavannes et Pelliot, et communément appelé le *Traité*, parce que son titre est perdu) mais erroné. Car s'il est vrai que, dans le vocabulaire de la rhétorique et de l'épistémologie grecques, Pragmateia a bien effectivement depuis Aristote le sens technique de « traité » (ainsi Sextus Empiricus utilise ce mot pour parler d'un traité de musique ou de physique), le terme revêt dans l'usage qu'en fait Mani le sens populaire et scolaire qui lui est donné dans les en-têtes des recueils homériques ou dans les arguments des pièces de théâtre ou de romans. C'est ainsi que dans le grec de cette époque l'expression au singulier *troïkè pragmateia* signifie, non pas « traité » relatif à la guerre de Troie, mais récits légendaires ou, plus simplement, les légendes de la guerre de Troie, légendes *(pragmateia)* étant dès lors synonyme de mythes *(muthoi)* ou de mythologiques *(muthologika)*.

Ce texte a été très lu et pillé par les non-manichéens. Car le côté pittoresque des épisodes narrant la naissance des dieux et des hommes offrait à l'esprit caustique des hérésiologues maints détails croustillants et cocasses, facilement utilisables pour confondre et tourner en ridicule les disciples d'un tel raconteur de boniments ! C'est à cet exercice que s'est employé, entre autres, un docteur nestorien de Kaskar (Babylonie du Sud) au VIIIe siècle, Théodore bar Konai, dans le onzième livre de ses Scholies. Pour présenter la doctrine de Mani, Théodore met bout à bout « quelques sornettes » de celui qu'il appelle le « scélérat ». Leur lecture attentive montre qu'il ne s'agit pas d'un simple résumé, mais bien effectivement d'une série de citations tirées d'un livre de Mani. En dépit du caractère apparemment décousu et incohérent de ces citations introduites par la formule « il dit », elles forment un ensemble narratif complet, c'est-à-dire de la genèse des dieux hors de la terre de la lumière jusqu'au sauvetage d'Adam par le Jésus céleste. On a donc affaire à un cycle de légendes portant sur l'origine des choses et des êtres, d'où toute perspective eschatologique est volontairement exclue. Car, outre que cette dernière a été traitée par Mani dans le *Shabuhragan* et dans l'*Evangile*, l'eschatologie n'appartient pas pour le fondateur au domaine du *muthos*, sujet à transferts et variations selon les cultures, mais constitue l'objet même du *logos* de révélation transmis par le prophète à son Eglise. Force est donc de conclure que la partie doctrinale de la notice de Théodore transmet dans leur langue originale les passages clés de la *Pragmateia* de Mani.

Mani composa ce recueil de légendes pour répondre au besoin de curiosité de fidèles avides de savoir « comment les choses s'étaient passées au premier commencement du monde ». Devenu fondateur de religion, Mani devait tenir compte de la mentalité de populations nourries d'imaginaire et en perpétuelle fringale de nouvelles mythologies. Pour que réussisse sa religion dans le peuple, il estima qu'il fallait aussi créer un imaginaire riche en péripéties mais contrôlé et cohérent. C'est à quoi il s'employa dans la *Pragmateia*, sans se douter que son propos de poète allait devenir, pour nombre de ses fidèles et tous les futurs adversaires réunis de son Eglise (al-Biruni excepté), l'essentiel des uns et le cheval de bataille des autres.

6. **L' « Image ».** — Auteur du premier livre persan d'hérésiographie, composé en 485 H/1092, Abu l-Maʿali-ye ʿAlavi écrit dans *Bayan al-adyan* : « Mani était un homme passé maître dans l'art pictural. On dit que, sur un morceau de soie blanche, il traça une ligne de telle sorte qu'un seul fil de soie ayant été retiré la ligne n'apparut plus ; il composa un livre avec diverses images, livre qu'on appela *Arzhang Mani* et qui existe dans les trésors de Ghaznin » (traduction H. Massé).

Ce livre d'images s'appelait en moyen-perse et en parthe *Ardahang*. Dans le Compendium chinois, il est cité en fin de liste du canon manichéen sous le titre de *Ta-men-ho-i* (le grand Men-ho-i) et interprété comme étant « le dessin des deux grands principes ». Il s'agit donc d'un album de planches peintes par Mani pour illustrer sa théogonie et sa cosmogonie. Les Homélies coptes (p. 25, 5) le citent en appendice de l'heptateuque manichéen sous l'intitulé grec d'*Eikôn* au singulier, mais le titre se rencontre parfois au pluriel : les *Images (eikones)*. Un autre passage des Homélies (p. 18, 5-6), décrivant les tribulations d'une Eglise manichéenne en butte aux persécutions et aux autodafés, met dans la bouche de Mani ce mot : « Je pleure sur les peintures de mon *Image* tandis que je fais mémoire de leur beauté. »

Polotsky a émis l'hypothèse que ce recueil d'images était destiné à illustrer l'*Evangile*. Or les fragments connus de ce dernier concernent la prophétologie, et l'ensemble de l'ouvrage apparaît comme une sorte de *praeparatio evangelica* du manichéisme à partir d'exégèses de textes tirés d'apocalypses et d'évangiles. Un tel propos était aisément compréhensible, et Mani n'avait pour en communiquer le message nul besoin de le récrire avec des lignes et des couleurs. Plus probable donc, ainsi que le confirme le fragment Stein, Mani prit soin d'expliquer par l'iconographie (le mot appartient aux Kephalaia) le contenu, autrement plus complexe, de son recueil de *Légendes*. En effet, celles-ci offraient un imbroglio de situations, de personnages et de lieux cosmiques tel que tout lecteur ou auditeur risquait à tout moment de perdre le fil du récit. Mani se décida, pour répondre aux besoins de la catéchèse et peut-être aussi à la demande de l'un de ses disciples, à fixer par le pinceau quelques scènes clés que son imagination de poète et de visionnaire avait créées dans la *Pragmateia* : la terre de la lumière, les mondes antinomiques, le combat des deux principes, défaite puis sauvetage et enfin victoire d'Ohrmizd, appel de l'Esprit vivant, mise en place de la démiurgie, envoi du Troisième Messager. Chaque tableau était accompagné d'une légende au sens strict, c'est-à-dire d'une notice explicative permettant de « lire » le tableau, l'ensemble de ces explications formant en quelque sorte le guide ou commentaire suivi du volume : c'est l'*Ardahang wifras* dont on possède quelques fragments en parthe et en moyen-perse.

Le succès de ce recueil d'illustrations fut immense non seulement chez les manichéens mais au-dehors. Comme en témoigne au XIe siècle Abu l-Maʿali-ye ʿAlavi, et avec lui et après lui bien des poètes et littérateurs persans, l'Iran islamique ne ménagea pas son admiration à l'auteur de l'*Image*. Combattu comme prophète, ou plutôt supplanté dans cette fonction par un autre prophète venu d'Arabie, mais toujours admiré comme peintre et artiste, tel est le Mani entré dans la mémoire collective de ses compatriotes depuis l'hégire jusqu'à nos jours !

7. **Les « Géants ».** — En marge de son recueil de légendes *(Pragmateia)*, Mani composa un autre cycle de récits fabuleux, intitulé en moyen-perse et en parthe *Kawan*. Les textes coptes l'appellent *tgraphe nngigas*, *pjome nngigas*, ou encore *pjome nncalashire* : livre des Géants. Tel est le titre qu'il porte également en arabe : *Sifr al-jababira*. Dans le préambule des Kephalaia coptes, le compilateur met dans la bouche de Mani l'énumération des livres du canon de l'Eglise manichéenne établi après la mort du fondateur, et Mani y déclare pour nommer le livre des Géants : « le livre que j'ai écrit à la requête des Parthes ». On peut penser, en effet, que c'est à la requête (copt : *laice* = gr : *aitema*) des Parthes, c'est-à-dire en fait de Mar Ammo, que Mani a entrepris de raconter un épisode de l'histoire des origines, seulement évoqué dans la *Pragmateia*. Ce récit fut écrit par lui en syriaque, et ses missionnaires le portèrent non seulement en Parthie mais au-delà, puisque les fragments qui en restent et que Henning a rassemblés proviennent de toutes les langues parlées d'Asie centrale.

Le thème central du livre n'était pas nouveau dans la littérature de l'époque car la mémoire des peuples est remplie d'histoires de géants. Dans le domaine littéraire judéoaraméen, auquel Mani appartient par la formation religieuse reçue dans son enfance, les géants interviennent dans le récit biblique des causes du déluge.

« Quand les hommes commencèrent à se multiplier à la surface du sol et que des filles leur naquirent, il advint que les fils d'Elohim s'aperçurent que les filles des hommes étaient belles. Ils prirent donc pour eux des femmes parmi toutes celles qu'ils avaient élues. En ces jours-là il y avait des géants *(nephilim)* sur la terre et même après cela : quand les fils d'Elohim venaient vers les filles des hommes et qu'elles enfantaient d'eux, c'étaient les héros qui furent jadis des hommes de renom » (Genèse 6, 1-2, 4).

L'histoire racontée dans ces trois versets fut reprise et amplifiée dans une apocalypse juive écrite en hébreu vers 150 avant notre ère, l'Apocalypse d'Hénoch, vade-mecum des croyances eschatologiques à l'aube du christianisme naissant. Son succès dans les diverses formes de chrétientés ou de judéochristianismes fut immense. Une version complète a été retrouvée en éthiopien, de longs fragments subsistent dans les papyrus grecs, une réadaptation à l'usage de la chrétienté slave existe aussi. Des fragments araméens, retrouvés dans les grottes de Qumran, témoignent également d'une utilisation de l'Apocalypse dans les courants juifs marginaux. Parmi ces fragments, J. T. Milik a, en outre, pu reconnaître que quelques-uns d'entre eux provenaient d'une mouture différente du livre des Veilleurs, qui constitue la première partie de l'Apocalypse d'Hénoch. Or ces fragments ne pouvaient être des citations du livre des Veilleurs mais appartenaient à un récit autonome relatant avec force détails et noms propres les péripéties amoureuses et dramatiques des anges tombés et de leurs progénitures terrestres, les géants *(gibborim)*. Milik fut donc amené, grâce aux fragments manichéens de Tourfan rassemblés par Henning, à identifier les fragments des grottes de Qumran comme des débris d'un livre juif des Géants. Ainsi Mani, que l'elchasaïsme de sa première formation avait familiarisé avec la littérature des apocalypticiens, en particulier l'Apocalypse d'Hénoch et le livre des Géants, tira de ce dernier la matière de son propre livre des *Géants*. Ses missionnaires le popularisèrent non seulement dans les contrées nord-orientales de l'empire iranien mais aussi dans le monde gréco-latin. Grâce aux manichéens, en effet, le livre des *Géants* atteignit les deux extrémités du monde connu : en Occident, le « Décret gélasien », qui le condamne au début du VIe siècle avec d'autres écrits apocryphes, le mentionne sous le titre de Liber de Ogia, du nom de l'un des géants nommé dans le livre ; le Compendium chinois lui conserve au VIIIe siècle le titre qu'il a en parthe et en moyen-perse : Tchü-houan (= Kawan).

Du roman-feuilleton sur enchevêtrement de visions, de songes et de voyages célestes du livre juif des Géants, Mani a tiré une nouvelle version. Mais situations et personnages sont restés les mêmes. Ici et là Shemihaza donne naissance à deux fils, Ohya (= Ogias) et Ahya (sogd : Pat-Sahm). Le premier de ces deux frères combat le dragon Léviathan, le second s'attaque à Mahawai, fils de Virogdad. Dans les adaptations pehlevie et sogdienne connues par les fragments de Tourfan, les deux fils de Shemihaza/Shahmizad revêtent aussi les noms de Sam et de Nariman, plus familiers à la mentalité iranienne que les noms araméens de la source juive. Aux exploits et combats des géants contre les monstres et entre eux, succédait une gigantomachie fantastique qui prenait fin, comme dans l'Apocalypse d'Hénoch, par la victoire d'une tétrade d'anges (Raphaël, Michel, Gabriel, Istraël) sur les forces conjuguées de l'anarchie démoniaque.

Ces récits colorés parlaient plus à l'imagination des manichéens du peuple que les belles envolées du *Trésor* et des *Mystères*. C'est pourquoi l'Eglise manichéenne maintint le livre des Géants dans le canon des Ecritures, alors qu'elle en excluait le *Shabuhragan*, ce dernier désormais sans objet puisque les rois de l'Iran étaient devenus les ennemis actifs de l'Eglise. On peut même penser que le livre des Géants est en quelque sorte un anti-*Shabuhragan*. Il n'est pas impossible, en effet, qu'en écrivant « pour les Parthes » à la fin de sa vie une version plus corsée du livre juif, Mani et ses lecteurs en butte à la haine des puissants de ce monde aient vu et lu dans la violence et la corruption des géants originels le destin de mort et d'échec des empires et de leurs princes, et cela d'autant plus que le mot *kawan* (géants) était, à l'époque sasanide, synonyme de « tyrans ». Ainsi donc le livre des Géants aurait été conçu et perçu comme pamphlet politique sous le mode de l'allégorie et du mythe. Ceci expliquerait son maintien dans le canon et, par contrecoup, l'élimination du *Shabuhragan*.

8. Les « Lettres ». — Comme l'avait fait Paul à l'aube des âges chrétiens, Mani écrivit quantité de lettres, qui font de lui l'épistolier le plus fécond de la période sasanide. Certaines de ces lettres n'étaient que des billets destinés à saluer une nouvelle fondation, à annoncer la visite du fondateur ou à accompagner l'envoi de l'un de ses écrits, à régler une situation locale ; d'autres avaient la dimension d'épîtres doctrinales, adressées généralement aux chefs historiques des missions et destinées à réconforter la foi par le rappel de quelques points fondamentaux de la pensée, de l'histoire ou de la liturgie de l'Eglise ; d'autres, enfin, étaient des écrits disciplinaires ou des monitions sur l'organisation interne et matérielle des communautés. Sans cesse copiées, traduites et recopiées du vivant de leur auteur, elles furent rassemblées par les soins de ses successeurs en un grand corpus où, à côté des lettres écrites par Mani, furent jointes celles composées par des dignitaires manichéens proches du fondateur et, à ce titre, tenues à l'égal des lettres authentiques.

Cette collection faisait partie de la bibliothèque manichéenne retrouvée en Egypte. C. Schmidt y avait identifié avant la dernière guerre deux suscriptions. Böhlig affirme avoir pu lire, dans les fragments de Berlin, une autre suscription concernant une lettre relative aux jeûnes et vigiles et adressée par Mani et Sisinnios à la communauté de Ctésiphon.

Hélas ! cette collection irremplaçable pour la connaissance du manichéisme vivant et qui, enfouie dans le sol de l'Egypte, avait vu passer les siècles sans dommages, ne survécut pas aux secousses de la deuxième guerre mondiale. Elle fut détruite (ou volée) lors des bombardements de Berlin. Quelques rares feuillets subsistant du codex primitif sont à Berlin-Est (P 15998), à Varsovie et aussi à Dublin, tous inédits.

Ibn al-Nadim a conservé dans *al-Fihrist* les suscriptions de 76 lettres *(rasa'il)* ; il n'a connu d'elles que ces titres fabriqués par la tradition manichéenne lors de la constitution du corpus. Au cours de la transmission, la nomenclature a été sujette de la part des traducteurs et des copistes à bien des altérations, en particulier dans les noms propres. Néanmoins elle permet d'entrevoir l'étonnante richesse de cette correspondance, où dominent les problèmes pratiques qui se posaient à la jeune Eglise manichéenne.

9. **Psaumes et Prières.** — Le Psautier manichéen retrouvé en copte dit que Mani composa « deux Psaumes » et les « Prières ». Or les responsables manichéens de la grande édition liturgique du Psautier copte n'ont pas inséré dans leur œuvre ces deux Psaumes et ces Prières. Il est donc pratiquement impossible de déterminer si parmi les fragments de Tourfan il en est qui proviennent à coup sûr de ces deux Psaumes et Prières composés par Mani. L'attribution à Mani de telle ou telle pièce est un argument théologique, non un label d'authenticité.

Comme l'avait fait Bardesane, vraisemblablement sur son modèle et un siècle avant qu'Ephrem ne se mette à imiter le lyrisme du « philosophe des Araméens », Mani utilisa la métrique syriaque pour composer les deux Psaumes et les Prières. La beauté et le rythme de ces vers interdisaient toute traduction. En véritable poète, Mani aura plutôt cherché à persuader ses disciples de créer dans leurs langues maternelles respectives d'autres Psaumes et Prières qui constituent en fait l'immense masse de littérature hymnique manichéenne parvenue jusqu'à nous grâce aux découvertes papyrologiques et archéologiques.

III. — Le canon des Ecritures

Un canon d'Ecritures, c'est-à-dire une règle fixant l'entrée de tel ou tel livre religieux à l'intérieur d'un recueil clos, est une décision disciplinaire qui relève de l'autorité suprême d'une religion à un moment donné de son histoire et qui finit par s'imposer comme intangible dans la pratique courante au nom de la tradition. Il semble bien, en ce qui concerne le manichéisme, que cette décision fut prise au lendemain de la mort de Mani sous le pontificat de Sis, et cela en conformité à la volonté du fondateur. L'Eglise manichéenne avalisa cette décision comme intangible jusqu'à une période avancée de son histoire.

Trois faits le prouvent. D'une part, les sources coptes unanimes attestent que ce canon est fixé comme heptateuque d'œuvres écrites de Mani (à la différence de Zoroastre, de Bouddha et de Jésus, qui n'ont laissé que des traditions orales) dès la rédaction des premiers grands commentaires doctrinaux de la nouvelle Eglise et dès la constitution du Psautier liturgique. D'autre part, ces mêmes sources attribuent à trois reprises (préambule des Kephalaia, Keph. 148 et Homélies, p. 94) l'ordre du canon à Mani : « Je vous ai écrit », « Je vous ai donné ». Enfin, la présence du même canon dans le Compendium chinois prouve que la décision de l'Eglise fondatrice babylonienne resta la règle suivie par les manichéens chinois vivants sous les T'ang.

La nomenclature comparée du canon dans les sources manichéennes fait apparaître, en même temps que l'exclusion du *Shahuhragan*, que ce canon a été constitué comme heptateuque. D'autre part, la liste du Compendium suit exactement celle donnée dans la section finale des Homélies coptes (p. 94) ; en dépit d'un classement différent dans ces deux dernières listes, *Mystères*, *Légendes* et *Géants* apparaissent groupés dans toutes les listes, « ces trois écrits », ainsi que le déclare expressément le Keph. 148, « n'en formant qu'un seul ». Ainsi, les sources manichéennes elles-mêmes montrent que, par le regroupement des trois livres relatifs à l'exposé de la mythologie, l'heptateuque primitif et authentique pouvait être considéré *aussi* comme un pentateuque. Ce fait est confirmé par le témoignage du manichéen Felix déclarant, lors de son

Le faux tétrateuque

Latin Acta Archelai, *LXII 3*	*Grec* *Epiphane,* Panarion, *LXVI 2, 9*	*Syriaque* *Théodore* *bar Konai* Scholia *312, 6-8*
1. Mysteria	Musteria	Raze
2. Capitula	Kephalaia	Rishe
3. Euangelium	Euaggelion	Ewangeliyun
4. Thesaurus	Thesauros	Simatha

De l'heptateuque au pentateuque

Heptateuque	*Keph. 148 ; Hom. 25*	*Ps. 46-47 ; 139-140*	*Keph. 5*	*Hom. 94*	*Compendium chinois*	*Penta-teuque*	
1. Evangile	Euaggelion	Euaggelion	Euaggelion	Euaggelion	Ying-loun < gr : euaggelion	Evangile	1.
2. Trésor	Thêsauros	Thêsauros	Thêsauros	Thêsauros	Hsin-t'i < aram : SMTh	Trésor	2.
3. Légendes	Pragmateia	Pragmateia	Pragmateia	[Epistolaue]	Ni-wan < mp : dewan	Lettres	3.
4. Mystères	mMustêrion	mMustêrion	pTa tôn mustêriôn	mMustêrion	A-lo-tsan < mp : razan	Mystères	
5. Géants	nGigas	nCalashire	graphê ntlaice nnParthos	Pragmateia	Po-tchia-ma-ti-yeh < gr : Pragmateia	Légendes	4.
6. Lettres	Epistolaue	Epistolaue	Epistolaue	graphe [ntlaice nnParthos]	Tchü-houan < mp : kawan	Géants	
7. Prières + Psaumes	mPsalmos + nShlel	nShlel +2 Psalmos	mPsalmos + nShlel	nShlel	A-fu-yin < mp : afrin	Prières	5.

débat avec Augustin en décembre 404, s'en référer aux cinq *auctores* (*Contra Felicem*, I, 14), c'est-à-dire à la totalité des œuvres de Mani regroupées en pentateuque pour des raisons de concordisme théologique, comme le prouve le titre même du Keph. 148 : « Sur les cinq livres en tant qu'appartenant aux cinq pères ».

Quant au tétrateuque, présenté par les hérésiologues chrétiens (syriaques, grecs et latins) comme formant le canon manichéen, il n'a aucun fondement dans les sources manichéennes ; cette construction erronée remonte aux *Acta Archelai* et mêle abusivement à trois œuvres de Mani le grand commentaire doctrinal de la tradition manichéenne postérieure : les Kephalaia.

IV. — La patrologie manichéenne

Les manichéens ont divisé en trois catégories leurs livres saints : 1) l'heptateuque de Mani ; 2) l'*Image* ; 3) la tradition. Le « Sermon de la grande guerre » de Kustai et le Compendium chinois placent l'*Image* en appendice de l'heptateuque. A la suite de l'*Image*, viennent tous les écrits produits par la tradition manichéenne ancienne. Le Compendium chinois les appelle les « enseignements » de Mani, le Psautier copte (p. 47) ses « paroles », les Homélies (p. 25) « ses révélations, ses paraboles et ses mystères ». L'ensemble de ces recueils, enregistrant et commentant les dits de Mani interprétés dans la tradition de son Eglise, ou élaborant le rituel, forment ce qui est légitime d'appeler la patrologie manichéenne.

1. Les récits hagiographiques. — Ils concernent la vie de Mani mais ne sont des « vies » ni des « autobiographies » au sens moderne du mot. Ce sont des catéchèses qui ont pour objet l'évocation des moments décisifs de la mission prophétique de Mani.

A) *Le « Codex manichéen de Cologne » (CMC).* — Cahier de parchemin de très petit format (4,5 × 3,5 cm) de 192 pages, à raison de 23 lignes par page (surface écrite : 3,5 × 2,5 cm), conservé à l'Université de Cologne (P. Colon. 4780 = 1072 Van Haelst). Ecrit en grec à partir d'un original syriaque et provenant de Haute-Egypte (Lycopolis/Asyut), il est en cours d'édition par A. Henrichs et L. Koenen. Il date paléographiquement de la fin du IVe ou début du Ve siècle ; il porte comme titre courant : « Sur la naissance de son corps ». Il contient une reconstitution moralisante des conflits de jeunesse de Mani à partir de témoignages du fondateur réinterprétés par ses disciples (Baraiès, Abjésus, Innaios, Timothée, Zaku). Le P. Berol. 15997, dont 8 feuillets (+ 1 à Varsovie) subsistent seulement, pourrait être une version copte du *CMC*. Ce document est fondamental pour comprendre l'évolution spirituelle de Mani jusqu'à sa décision de rompre avec l'elchasaïsme et de fonder une nouvelle religion.

B) *Les Homélies coptes.* — Cahier de papyrus de 48 feuillets (= 96 p.), provenant du Fayoum égyptien et aujourd'hui conservé à la Chester Beatty Library de Dublin (codex D). Il contient quatre Logoi, c'est-à-dire des homélies méditatives pour la catéchèse composées par les disciples immédiats de Mani. La première homélie (p. 1, 1-7, 7) est une lamentation de Salmaios, en forme de prière, sur la mort de Mani. La deuxième (p. 7, 8-42, 8), attribuée à Kustai et intitulée « De la grande guerre », est une méditation sur la section apocalyptique du *Shabuhragan.* La troisième (p. 42, 9-85, 34) est l'évocation catéchétique de la « crucifixion », c'est-à-dire de l'emprisonnement et de la mort de Mani, et des premières persécutions subies par la communauté en Iran sous Vahram Ier. La quatrième (p. 86, 1-96, 27) est une eulogie pour Mani entré dans la gloire. Ces quatre pièces sont à la fin de Mani ce que le *CMC* est à son début. Leur beauté tragique tranche avec le côté moralisant et apologétique du *CMC*. Les deux recueils invitent les fidèles à l'espoir.

2. **Les commentaires doctrinaux.** — A) *Les Kephalaia coptes.* — Le grand commentaire doctrinal des logia de Mani par la tradition manichéenne naissante forme dans la traduction copte retrouvée au Fayoum un volume de plus de 800 p., dont la première partie est conservée à Berlin-Est (P 15996) et la seconde à la Chester Beatty Library de Dublin (codex C). Le titre général grec, donné par les compilateurs manichéens à la collection, Kephalaia, montre qu'on a affaire à une véritable *summa theologica* du manichéisme, au moment où celui-ci se devait, face aux premières controverses déclenchées par l'autorité ecclésiastique (mazdéenne et chrétienne), de

structurer, préciser et développer dans ses moindres détails la pensée du maître. Les auteurs de la compilation ont cherché à répondre essentiellement aux attaques dont était l'objet la *Pragmateia*. Leur argumentation consiste à montrer que chaque situation, chaque terme, chaque personnage de l'exposé cosmo-théogonique de Mani est à plusieurs faces donc à interprétations multiples et s'emboîte à l'intérieur de séries complexes, de telle sorte que l'exégèse pratiquée aboutit à évacuer de l'exposé mythologique de Mani toute lecture linéaire sous forme de récit et d'histoire et, partant, à organiser la doctrine en une science allégorisante au service de l'ecclésiologie.

B) *Le Traité chinois.* — Le grand rouleau provenant des grottes de Touen-houang et conservé aujourd'hui à Pékin date approximativement du milieu du xe siècle. Le début du manuscrit a disparu, et avec lui le titre. Les deux savants français, qui ont publié et traduit le rouleau, ont intitulé leur monographie : *Un traité manichéen retrouvé en Chine* ; depuis, l'habitude a été prise de le désigner ainsi. Dans un cadre littéraire emprunté aux *sutra*, le Traité apparaît comme une exégèse — qui a assimilé le panallégorisme de la méthode des Kephalaia — d'un exposé cosmo-théogonique manichéen tiré de sources iraniennes pour être adapté à un milieu de culture bouddhique.

3. **Les chants sacrés.** — A) *Le Psautier copte.* — Cet antiphonaire de l'Eglise manichéenne d'Egypte est écrit sur un gros cahier de papyrus de moyen format (27×17,5 cm), provenant du Fayoum et aujourd'hui conservé à la Chester Beatty Library de Dublin (codex A). Seule, la seconde partie du codex est publiée (Allberry, 1938). Le copiste a indexé à la fin de la seconde partie toutes les pièces numérotées du volume. Ces pièces sont regroupées selon leur utilisation liturgique ou leur auteur supposé : Psaumes pour la synaxe, du dimanche, pour la Pâque, d'Héracleidès, pour les vigiles, pour le Bêma, à Jésus (cet intertitre n'est pas dans le manuscrit et a été inventé par l'éditeur moderne), d'Héracleidès à nouveau. Il y a aussi un grand nombre de pièces d'usage non spécifié, qui ont été regroupées sous l'étiquette « Divers ». A la suite du recueil numéroté, viennent des groupes d'hymnes non numérotés et sans doute non utilisés dans la liturgie : Divers, Psaumes des pérégrinants, d'Héracleidès, de Thomas (ces derniers étant, selon Polotsky, des hymnes mandéens incorporés au Psautier). L'ensemble de ces pièces constitue un monument de première valeur pour apprécier la prière liturgique vivante d'une Eglise manichéenne au milieu du ive siècle.

B) *Les hymnaires iraniens.* — Comme ceux d'Egypte, les manichéens de langue iranienne possédaient leur antiphonaire, pourvu lui aussi d'un index et retrouvé par bribes à Tourfan. L'hymnaire pehlevi est représenté par deux textes : l'*Hymne du moi vivant (Gowishn ig griw zindag)* et l'*Hymne du moi lumineux (Gowishn ig griw roshn)*, dont depuis les travaux de Henning aucune reconstitution nouvelle n'a été proposée. L'hymnaire parthe est connu par deux longs textes, attribués à Mar Ammo, dont les fragments ont été l'objet d'une belle reconstitution par les soins de M. Boyce. Ce sont l'*Huwidagman (Notre chance)* et l'*Angad roshnan (Riche des lumières)*, du nom des premiers mots du premier chant de chacun d'eux. A ces deux hymnaires parthes peut également être rattachée la prose rythmée des Grands hymnes parthes *(Wazargan afriwan)*, dont subsistent aussi quelques débris en sogdien. Comme ceux du Psautier copte, tous ces hymnes sont très remarquables par la sensibilité religieuse qu'ils manifestent, leurs qualités poétiques et la place centrale accordée à Jésus dans la prière.

C) *L'hymnaire chinois.* — Vingt-cinq hymnes sont conservés dans le rouleau provenant de Touen-houang, aujourd'hui conservé à Londres (Br. L. Or. Stein 2659). Comme le montre l'hymne XIII de ce rouleau, qui est une version chinoise complète du chant I de l'*Huwidagman* (identification Henning, 1943), l'hymnaire chinois est une adaptation de la poésie manichéenne parthe à un milieu de culture bouddhique et présente, du point de vue du contenu, les mêmes caractéristiques que l'hymnologie parthe ou copte.

4. Les guides pratiques. — Bien que tardives, les deux pièces suivantes méritent d'être signalées en raison de leur originalité de forme et de contenu.

A) *Le « Xwastwaneft ».* — L'église manichéenne du Turkestan possédait aux Xe-XIe siècles des formulaires pour la confession des péchés à l'usage des Elus et des Auditeurs. Des fragments de formulaires pour Elus subsistent en sogdien, en particulier dans le M 801 ; un seul est attesté en pehlevi tardif (M 201). Par contre, on possède, provenant également de la région de Tourfan, le texte complet du formulaire pour Auditeurs traduit en vieux-turc à partir d'un original sogdien et publié successivement par Bang et Asmussen. Ces formulaires ne sont pas des listes de péchés à accuser mais, à la façon des apologies de l'Eglise chrétienne médiévale, consistent en une confession de foi proclamant les points fondamentaux de la croyance ; ces différents points délimitent automatiquement ce qui dans la pratique est déficient, c'est-à-dire en contradiction avec le dogme confessé. Dans le *Xwastwaneft* vieux-turc, l'homologie de chaque point de doctrine s'accompagne d'une demande de pardon. De tels formulaires s'intégraient dans la liturgie festive du Bêma et étaient récités par un officiant au nom des fidèles.

B) *Le Compendium chinois.* — La première partie (= les cinq premiers articles) du rouleau, intitulé « Compendium des doctrines et règles de la religion du bouddha de lumière, Mani », daté de 731 et provenant de Touen-houang, est conservée à Londres (Br. L. Or. Stein 3969) ; la deuxième partie (art. 5 et 6) est conservée à Paris (B.N. Or. Pelliot chinois 3884). La fin du texte, c'est-à-dire la fin de l'article 6 et les articles suivants, n'a pas été retrouvée. Ce texte unique dans la documentation manichéenne, traduit du parthe en chinois par un évêque manichéen familiarisé avec la terminologie bouddhique, est un condensé, « une sorte de catéchisme » (Pelliot), de tout le manichéisme, destiné dans sa version chinoise à l'administration des cultes du gouvernement impérial T'ang.

Les six articles des fragments Stein et Pelliot se composent comme suit : 1) Sa descente dans un corps et Sa patrie, Ses noms et titres, Ses doctrines propres (= dates manichéennes et personnalité du fondateur) ; 2) Règles concernant Ses représentations corporelles (= comment représenter Mani en bouddha de lumière) ; 3) Règles concernant le canon des Ecritures et l'*Image* (heptateuque, *Image*, tradition) ; 4) Règles concernant les cinq ordres (= hiérarchie et devoirs inhérents à chaque ordre) ; 5) Règles concernant les bâtiments du monastère (= énumération des salles, genre de vie des Elus) ; 6) Règles pour entrer en religion (c'est-à-dire pour devenir manichéen : admettre les deux principes et les trois temps).

Chapitre III

LA COMMUNAUTÉ

Jésus avait laissé à ses successeurs le soin d'écrire des évangiles et d'organiser une Eglise, de là désaccords, querelles et schismes. Pour préserver l'unité de ses disciples, Mani entendit lui-même composer son Evangile et organiser sa religion en Eglise. Annonçant à ses contemporains que l'espoir et la justice sont venus en lui et par lui puisqu'il est le sceau de la prophétie, Mani a pris, pour organiser la communauté grandissante de ceux qui répondirent à son appel, le même soin qu'il prenait pour écrire ses livres et peindre ses images. A chacun devaient être assignées place et fonction à l'intérieur du troupeau. La continuité des témoignages sur la structure proprement ecclésiale et ecclésiastique donnée à cette communauté, depuis les origines jusqu'au Moyen Age, montre qu'on aurait tort d'opposer le charisme prophétique de Mani au caractère institutionnel (tardif ou secondaire) de son Eglise. Mani est à la fois prophète et législateur, apôtre de plein vent et organisateur de société. Il est, disent les textes, la tête d'une Eglise dont tous ses frères sont les membres. Avec la même minutie qu'il mit à décrire la genèse des dieux et des hommes dans le grand corps du monde *(Pragmateia)*, il décrivit « la naissance de son corps », l'Eglise, sise au milieu des (fausses) religions de la terre. Il faut reconnaître que, si le manichéisme a pu si longtemps résister à l'islam, dans le monde iranien en particulier, c'est à ce puissant esprit de corps qu'il le doit, effet direct de l'organisation du groupe sur le plan des institutions.

I. — La hiérarchie

En dehors de l'article 4 du Compendium chinois, il existe deux textes essentiels sur la composition de l'Eglise manichéenne, l'un dû à un ex-manichéen, Augustin, l'autre tiré d'un Hymne aux apôtres provenant de Tourfan.

Dans le *De haeresibus ad Quodvultdeum* (chap. 46), composé en 428-429 (Augustin mourra le 28 août 430), l'ex-manichéen devenu évêque d'Hippone écrit : « Les manichéens veulent que leur Eglise ne soit composée que de ces deux états de vie *(professiones)*, à savoir celui des élus *(electi)* et celui des auditeurs *(auditores)*. De leurs élus ils tirent les Douze, qu'ils appellent maîtres *(magistri)*, plus un treizième qui est leur guide *(princeps)* ; ils ont aussi 72 évêques *(episcopi)* qui sont ordonnés par les maîtres, ainsi que des prêtres *(presbyteri)* qui sont ordonnés par les évêques. Les évêques reçoivent également le titre de diacres *(diaconi)*. Tous les autres ne sont appelés qu'élus *(electi)*. »

L'Hymne aux apôtres conservé en moyen-perse dans les fragments de Tourfan (M 801, cf. Boyce, *Reader*, texte cu 23-25) énumère « tous les diacres, les chefs de maison (= intendants), les maîtres de chœur, les prédicateurs avisés, les scribes vaillants, les chantres à la voix mélodieuse, et tous les frères *(bradaran)* purs et saints, ... les sœurs *(wxarin)* virginales et saintes avec leur communauté et monastère, ... et tous les auditeurs, frères et sœurs, de l'Est et de l'Ouest, du Nord et du Sud ».

L'Eglise comprend donc deux grands corps : d'un côté, la masse des laïcs constituant la base économique de la société (Ve classe), de l'autre, tous les religieux au sens large, eux-mêmes se décomposant en quatre classes : ceux qui ne sont que religieux au sens restreint, appelés indifféremment élus, justes, parfaits, saints (IVe classe), parmi lesquels se recrutent les membres du clergé en nombre limité ; d'abord, les chefs de famille ou intendants, assimilés aux prêtres (IIIe classe) ; puis les ministres du culte et serviteurs de l'Eglise, au sens propre des « diacres », assimilés aux évêques (IIe classe) ; enfin les confesseurs ou docteurs, appelés maîtres ou apôtres, à qui incombent la défense de la doctrine, le gouvernement des provinces ecclésiastiques et la politique missionnaire (Ire classe). Au sommet de la pyramide siège le guide des fidèles, successeur de Mani à Babylone.

Le nombre des laïcs de la Ve classe et des religieux de la IVe classe est illimité de droit et de fait pour les premiers mais limité de fait pour les seconds. Un *numerus clausus* est attaché à chaque classe du clergé : les intendants de la IIIe classe ne peuvent être plus de 360, chiffre répondant au compte mensuel de la lune multiplié par les douze mois solaires ; les ministres diacres de la IIe classe sont 72, chiffre correspondant au nombre des disciples envoyés par Jésus en mission (cf. Evangile selon Luc 10, 1 syr. et Diatessaron) ; les docteurs de la Ire classe sont 12 en raison des 12 apôtres que Jésus s'est choisis (cf. Evangile selon Matthieu 10, 1-2).

La grande séparation n'est pas entre clergé et laïcat, mais entre religieux et laïcs. Passer de la condition de laïc à celle de religieux impliquait un changement radical de vie dont seule la communauté des élus était juge en chapitre (synaxe). Laïcs et religieux se composent aussi bien d'hommes (frères) que de femmes (sœurs) ; l'accession aux trois premières classes est réservée aux hommes. Frères et sœurs laïques gardent leurs vêtements ordinaires, frères et sœurs religieux sont vêtus de blanc et portent des coiffes blanches.

Chaque groupe de laïcs a à sa tête un père-maître, chargé de faire appliquer les observances et de mettre la doctrine à la portée de ses ouailles, c'est le « maître des auditeurs » (mp : *niyoshagbed*), frère « aîné », qui se recrute parmi la IIIe classe. Dans la pratique quotidienne, le frère laïc n'a de cesse de manifester obéissance et bienveillance à son frère religieux. S'il en rencontre un, il s'agenouille en signe de respect « pour que lui soit imposée la main comme suppliant » (Augustin). L'insulte à un religieux entraîne séance tenante l'exclusion de l'Eglise ; le même sort s'abat sur le religieux si ce dernier viole publiquement un commandement mais l'excommunication ne peut être prononcée qu'après que l'affaire ait été portée à la synaxe, délibérée et jugée.

Frères et sœurs de la IVe classe sont rassemblés en communautés distinctes, à l'intérieur de monastères ou temples. Le monastère (mp : *manestan* ; persan : *khangah*) est établi en ville et ne vit que de dons et de fondations. Il constitue le véritable centre de culte du manichéisme, son foyer de vie spirituelle et d'activité culturelle, du moins dans les contrées où la religion ne fut pas condamnée à la clandestinité. En premier lieu, le monastère comprend un scriptorium et une bibliothèque (« salle des livres saints et des images »), puis une infirmerie, une salle du chapitre (pour les réunions communautaires), un bâtiment pour l'adoration et la confession, un autre pour les jours de jeûne. Mais il ne comporte ni cuisines ni réserves alimentaires puisque la nourriture est apportée chaque jour par les laïcs.

Dans le gouvernement du monastère, placé sous la juridiction des trois premiers grades, le frère liturgiste ou maître de chœur préposé aux hymnes (mp : *afrinsar*) occupe un rang éminent, comme cela va de soi dans un genre de vie voué à la récitation chorale et à la prière ; il choisit les hymnes appropriés au cycle des fêtes mais en compose aussi de nouveaux, il règle le déroulement des cérémonies. Le prédicateur *(xrohxwan)* veille à l'instruction de ses frères et porte la bonne parole au-dehors ; sa charge lui fait un devoir d'apprendre la prédication à ses frères. Une fois formés par lui, ils sont à leur tour envoyés « soit pour soutenir et accroître la religion (« l'erreur », dit ici Augustin par malveillance) là où elle est, soit pour la répandre là où elle n'est pas encore » (*De haeresibus*, 46). Car tout religieux doit non seulement prier et chanter mais aussi prêcher. Les maîtres du scriptorium *(dibiran)* calligraphient les livres sacrés et les antiphonaires. Le chantre *(mahrsray)* assure la bonne exécution du chant liturgique et apprend à ses frères l'exercice choral. Parmi les offices du monastère, le Compendium chinois mentionne aussi celui de « préposé au mois » (Pelliot) ; selon Gauthiot, il s'agit d'un « surveillant de la récitation du prêche », alors que Benveniste interprète le titre comme « préposé aux fondations pieuses ».

Les fonctions des trois premières classes, occupées par un très petit nombre de religieux, sont empruntées à la hiérarchie de l'Eglise chrétienne de Mésopotamie : I) le Docteur (syr : *malpan*) perpétue par l'enseignement et la défense de la doctrine la tradition apostolique du fondateur ; II) le Ministre sert *(diacre)* ou surveille *(évêque)* l'Eglise dans l'organisation du culte et le gouvernement du diocèse (mp : *paygos*) ; III) l'Intendant chef de famille (gr : *oikodespotês*) ou « aîné » (gr : *presbuteros*) de ses frères, assiste l'évêque dans les tâches pastorales et

Organigramme de l'Eglise manichéenne

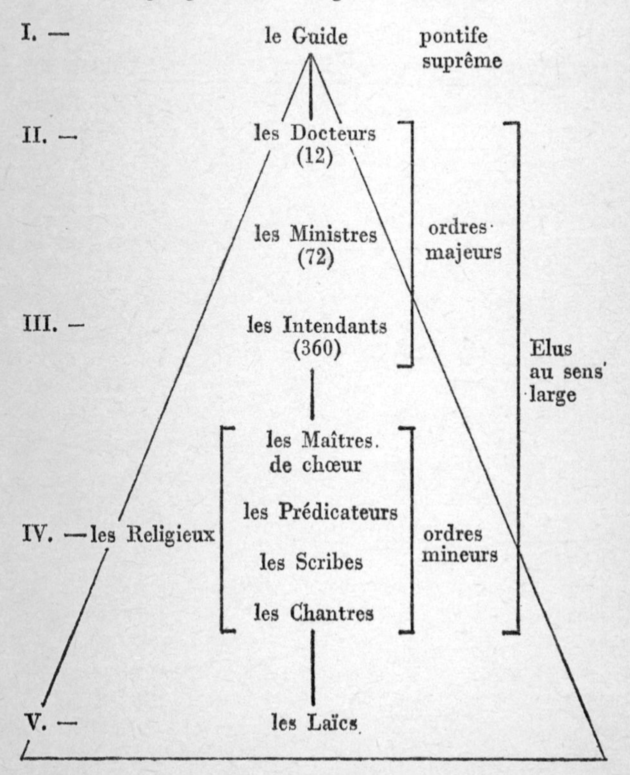

Nomenclature comparée des classes et des fonctions

	Grec	*Copte*	*Latin*	*Pehlevi*	*Parthe*	*Chinois*	*Arabe*	*Syriaque*
Le Guide	arkhêgos	p-arkhêgos	princeps	sarar		yen-mo	imam	qphalpala
I. — Les Docteurs								
Synon. :								
maîtres	didaskaloi	n-sah	magistri	hammozagan		mou-chö	muʿallimun	malpane
apôtres	apostoloi			frestagan				
II. — Les Ministres								
Synon. :								
diacres		n-shmshete	diaconi	ispasagan		sa-po-sai	mushammisun	mshamshane
évêques	episcopoi	n-episcopos	episcopi			fou-to-tan		
III. — Les Intendants	oikodespotai			mansararan	mansardaran			
Synon.								
prêtres	presbuteroi	n-presbuteros	presbyteri	mahistagan		mo-hi-si-tö	qissisun	qashishe
IV. — Les Religieux			religiosi	denawaran	denabaran	tien-na-wu		
Synon. :								
élus	eklektoi	n-sôtp	electi	wizidagan	wizhidagan			
justes	dikaioi	n-dikaios		ardawan	ardawan	a-lo-houan	siddiqun	zaddiqe
parfaits			perfecti					
saints		netouabe	sancti					
Fonctions :								
maîtres de chœur				afrinsaran	afriwansaran			
prédicateurs				xrohxwanan				
scribes				dibiran	dibiran			
chantres				mahrsrayan				
V. — Les Laïcs								
Synon. :								
auditeurs			auditores	niyoshagan	nigoshagan	nou-cha-yen	sammaʿun	shamuʿe
catéchumènes	katêkhoumenoi	n-katêkhoumenos						

gère la communauté. Le titre ecclésiastique de « chef de famille » vient de Qumran par le relais du baptisme babylonien où fut formé Mani. Quant à la conception fondamentale des religieux et des laïcs comme distincts et complémentaires, les premiers assurant aux seconds le salut éternel en échange de la subsistance matérielle, elle provient comme telle du bouddhisme. Par conséquent, on ne saurait réduire ni le monachisme manichéen au modèle chrétien, puisque les religieux de Mani ne sont pas des séparés vivant en autarcie, ni la prophétologie et l'ecclésiologie manichéennes au modèle prévalentinien, puisque la doctrine de la prophétie et la structure ecclésiale, qui constituent les traits spécifiques du manichéisme, enracinent ce dernier et dans l'histoire et dans les institutions.

II. — Le code moral des religieux

Tous les religieux sont astreints, ainsi que le déclare l'Hymne aux apôtres (M 801, pehlevi), à la stricte observance des cinq commandements *(andarzan)* et des trois sceaux *(muhran)*. Le formulaire sogdien de confession pour élus, contenu dans la seconde partie du M 801, décrivait avec force détails le contenu des cinq commandements ; malheureusement les fragments subsistants ne concer-

	Sogdien	*Copte*
1.	vérité	ne pas mentir
2.	non-violence	ne pas tuer
3.	comportement religieux	ne pas manger de chair
4.	pureté de la bouche	être pur
5.	bienheureuse pauvreté	pauvreté bienheureuse

nent que les deuxième (complet) et troisième (partiel) commandements plus quelques lignes du quatrième. Par contre, la liste complète des cinq commandements est reproduite en sogdien dans le M 14v et en copte dans l'hymne 235 pour le Bêma.

Les trois sceaux (lat : *tria signacula* ; ar : *thalath khawatim*) expriment sur le mode de la symbolique corporelle le contenu des trois commandements que les laïcs étaient tenus d'observer en partie. Le sceau de la bouche (lat : *signaculum oris*) renvoie au quatrième commandement ; le sceau des mains (lat : *signaculum manuum*) ou paix des mains (copt : *pmtan nncij*) au deuxième ; le sceau du sein (lat : *signaculum sinus*) ou pureté de la virginité (copt : *ptoubo ntparthenia*) au troisième.

1. **Premier commandement.** — Appelé en sogdien *reshtyaq* « la vérité », le premier commandement prohibe le mensonge au sens le plus large du terme, c'est-à-dire toute attitude contredisant la profession de foi religieuse. L'essentiel de la vie des élus étant la disponibilité et la docilité à l'Esprit paraclet descendu en Mani, l'apôtre de la vérité, et agissant dans l'Eglise, l'impératif de vérité peut donc être considéré comme justification théologique de la vertu d'obéissance à la volonté du fondateur. Le premier commandement fixe ainsi à l'élu l'axe de toute sa vie religieuse : afin d'être capable, comme l'a fait Mani, « d'errer continuellement dans le monde pour prêcher et guider » (la formule est chez al-Biruni), le religieux doit se tenir fermement enraciné dans la vérité, c'est-à-dire se mettre tout entier au service de la mission apostolique du fondateur en étant soumis à l'autorité de son Eglise.

2. **Deuxième commandement.** — De tous les principes moraux imposés aux religieux, c'est celui qui étonna le plus les adversaires chrétiens et musulmans du manichéisme. Appelé, au sens littéral du mot, « non-violence » en sogdien *(puazarmya)*, le deuxième commandement ou sceau des mains interdit au religieux tout acte violent susceptible de blesser l'un des cinq éléments (lumière, feu, eau, vent, air) à l'état mélangé dans les créatures animales ou végétales et dans la nature elle-même. Le fondement cosmologique de ce commandement tient en ce que chaque corps composé véhicule des particules de pure lumière emprisonnées dans l'état de mélange et en attente de leur délivrance ; elles forment toutes ensemble une immense croix de lumière étendue sur le monde, qui perpétue en quelque sorte la souffrance de Jésus (lat : *Iesus patibilis*). Briser l'un quelconque des corps composés, c'est porter atteinte aux corps subtils eux-mêmes, et donc à la croix de lumière et au Jésus céleste. En conséquence, le deuxième commandement impose aux religieux de ne tuer ni de blesser ne serait-ce qu'une plante ou un petit animal.

De là vient l'interdiction du travail agricole : « Les moissonneurs seront transvasés dans du fourrage, dans des haricots, de l'orge, du blé ou des légumes, afin qu'eux aussi soient moissonnés et coupés, déclare Turbon dans les *Acta Archelai*, si quelqu'un tue un poulet, il deviendra poulet ; s'il tue une souris, il deviendra à son tour souris ; qui moissonne sera moissonné, qui jette du blé au broyeur y sera jeté à son tour, qui pétrit sera pétri, qui fait cuire du pain sera cuit. » La non-violence imposait également de ne pas utiliser, pour soigner les plaies et guérir les maladies, les remèdes fabriqués par les sorciers ou certaines recettes de médecine. La moindre portion de nature devait être respectée : une motte de terre, une flaque d'eau, un flocon de neige, une goutte de rosée. Le religieux qui par mégarde avait endommagé l'un ou l'autre des outils de travail du copiste — pinceau, tablette, papier — était également tenu de s'accuser devant ses frères d'avoir enfreint le deuxième commandement.

3. **Troisième commandement.** — Appelé en sogdien *dentchihreft*, « comportement conforme à la religion », le troisième commandement ou sceau du sein impose au religieux non seulement la continence mais la chasteté totale au sens étroit par l'interdiction de tout rapport sexuel (les religieux et religieuses du manichéisme sont célibataires à vie), mais aussi au sens le plus large par la prohibition de tout contact pouvant procurer du plaisir, ne serait-ce que toucher de la neige, de la rosée ou un tissu délicat. Prendre un bain faisait commettre deux péchés, contre le deuxième commandement parce qu'il y avait détérioration de l'eau et contre le troisième parce que le glissement de l'eau sur la peau était une sensation agréable. Le troisième commandement interdisait aussi aux religieux tout acte pouvant favoriser de près ou de loin la reproduction des êtres vivants, animaux ou plantes. De la sorte, si couper un arbre allait contre le deuxième commandement, en planter un était une infraction au troisième commandement : « Qui a planté un perséa devra passer par plusieurs corps jusqu'à ce que ce perséa soit abattu. » La raison théologique en est simple : favoriser la reproduction c'est retarder sans fin le processus de libération définitive des particules lumineuses enfermées dans le corps des vivants.

4. **Quatrième commandement.** — Appelé en sogdien *qutchizpartya*, « pureté de la bouche », le quatrième commandement ou sceau de la bouche concerne essentiellement les interdits alimentaires. Toutes nourritures carnées, boissons fermentées (bière, vin, alcool de riz) et laitages de toute sorte étaient proscrits car leur préparation impliquait une série d'actes violents attentatoires aux âmes lumineuses contenues en eux. Le religieux manichéen est donc, en cuisine, un pur végétarien. Son ascétisme lui fait en outre l'obligation d'être extrêmement attentif dans le choix des fruits et légumes offerts à son appétit et apprêtés pour lui par les fidèles laïcs. Mais sa fringale végétarienne n'est elle-même que fort relative puisque la vie religieuse est ponctuée de jeûnes sévères et très longs, qu'il fallait suivre en communauté. En outre, non seulement ce qui entre par la bouche est concerné par le quatrième commandement mais aussi ce qui en sort : les mots. Là aussi, le religieux était tenu d'imposer à son verbe la mesure et le débit de qui aime la justice de l'Eglise du prophète et donc de ne pas médire, calomnier, mentir, blasphémer, jurer et parjurer.

5. **Cinquième commandement.** — Le dernier commandement imposé aux religieux est la pauvreté, sogd : *dushtautch*. « Bienheureuse pauvreté », disent de concert le fragment sogdien en prose sur l'Homme nouveau (M 14^{v}) et l'hymne copte pour le Bêma (235) en écho à la béatitude des pauvres proclamée par Jésus comme condition d'entrée dans le Royaume. Ainsi, le religieux ne peut rien posséder pour lui-même ni acquérir aucun bien, sauf, dit al-Biruni, de la nourriture pour une journée et le vêtement pour une année. Ce dénuement complet

faisait de l'élu un homme libre, entièrement adonné à la prédication et à la prière, un « bienheureux » au sens évangélique, un homme heureux tout simplement.

Droit, non violent, chaste, abstinent et pauvre, tel est donc le religieux manichéen qui pratique les cinq commandements dans lesquels Mani a enfermé l'idéal des béatitudes et des conseils évangéliques. Polémistes de tous bords ont ricané tant et plus sur les mœurs des manichéens. Bêtise et méchanceté sont insondables ! Le musulman al-Biruni a été, à ma connaissance du moins, le seul écrivain antique à reconnaître que le genre de vie imposé aux religieux manichéens était d'une très haute valeur morale. Prétendre, ajoutait-il, que Mani aurait autorisé la pédérastie est grotesque ! Cette éthique, tenue pour diabolique et insane en Occident, fut celle-là même qui contribua à adoucir les mœurs des peuplades de la Haute-Asie : « Le pays aux mœurs barbares où fumait le sang se change en une contrée où on se nourrit de légumes ; l'Etat où on tuait se transforme en un royaume où on exhorte au bien » (traduction Pelliot). Ces lignes, extraites de l'inscription trilingue de Qara-Balghasun racontant les débuts du manichéisme dans l'empire ouïghour de l'Orkhon, permettent de mesurer l'impact civilisateur d'une telle éthique en terre turco-mongole dans la seconde moitié du VIIIe siècle.

III. — Le code moral des laïcs

Les laïcs ne sont pas des manichéens au rabais, dont le seul mérite aurait été de donner raison à cette remarque caustique de quelqu'un qui fut l'un d'entre eux : « A ceux qu'on appelait les élus et les saints *(electi et sancti)*, nous apportions des aliments avec lesquels, dans l'officine de leur panse, ils devaient nous fabriquer des anges et des dieux pour nous libérer » (Augustin, *Confessions*, IV, 1, 1). Les laïcs sont l'Eglise au même titre que les religieux ; les uns et les autres ont des fonctions qui, bien que différentes, restent complémentaires. Le laïc permet au religieux d'être entièrement voué au service de la prière et de la parole ; le religieux assure au laïc son salut éternel par les conseils qu'il prodigue et les célébrations liturgiques qu'il organise. Ainsi le code moral des laïcs sédentaires n'est pas fondamentalement différent de celui des religieux adonnés au nomadisme apostolique, il répond dans sa formulation canonique à un genre de vie autre.

Les obligations canoniques des laïcs sont connues par le formulaire de confession *(Xwastwaneft)* qui leur était destiné et dont une version complète est conservée en vieux-turc. Ces obligations, simples et claires, sont de cinq ordres. Leur série évoque immédiatement les cinq piliers de l'islam. Une telle rencontre des deux rituels n'a rien de fortuit car, de la même façon que le manichéisme a fourni à l'islam l'essentiel de sa prophétologie, il a également formulé pour lui les bases de son rituel :

	Manichéisme	*Islam*
1.	les commandements	la profession de foi
2.	la prière	la prière
3.	l'aumône	l'aumône
4.	le jeûne	le jeûne
5.	la confession des péchés	le pèlerinage

1. Les dix commandements. — Ils constituent le credo manichéen réduit à ses articulations majeures : amour, foi, crainte de Dieu et sagesse scellées dans le cœur des auditeurs par les quatre dieux. Le formulaire vieux-turc rappelle qui sont ces quatre dieux : transcendance absolue du Père de la grandeur de qui ne dépend que le Bien (IB), bonté de l'Esprit vivant démiurge du soleil et de la lune par qui a lieu chaque jour la séparation de la lumière et de la ténèbre (IIB), vie et puissance de l'Homme primordial dont les cinq éléments lumineux forment les membres de l'âme (IIIB), sagesse des prophètes messagers de Dieu et porteurs du salut, autrement dit la totalité des religieux (IVB).

Les dix commandements ont pour objet de régler la pratique en fonction de cette profession de foi. **1.** Le premier commandement impose à l'auditeur de renoncer à l'idolâtrie. L'abandon des idoles implique le rejet de l'anthropomorphisme : le Dieu suprême (= le Père de la grandeur) ne donne ni la vie ni la mort. Lui attribuer ce qui ne dépend pas de lui est péché. S'adresser au diable, c'est-à-dire à l'auteur du mal comme à un dieu relève du même commandement. Ce premier impératif concerne la personne tout entière, les neuf autres se répartissent entre les trois sceaux : bouche, cœur, mains (IXA).

2. Le laïc veillera à la pureté de sa bouche en s'interdisant blasphèmes, mensonges, parjures, faux témoignages, calomnies ; il doit prendre toujours la défense de l'innocent. **3.** Viandes et boissons fermentées seront exclues de sa table. **4.** Il s'abstiendra de toute parole déplacée et irrévérencieuse à l'égard des prophètes car les religieux sont les « vrais messagers de Dieu » et ne font que des œuvres bonnes (IVB). **5.** Son cœur restera fidèle à l'épouse unique échue en mariage, et il s'abstiendra de tout rapport avec elle les jours de jeûne. La polygamie était donc condamnée au même titre que l'adultère. **6.** Il viendra au secours de l'affligé et s'interdira toute avarice. **7.** Il se gardera de suivre les faux prophètes et les imposteurs, c'est-à-dire les manichéens excommuniés ou renégats. **8.** Par ses mains, le laïc évitera d'effrayer, de blesser, de battre, de torturer ou de tuer aussi bien les humains bipèdes que les quadrupèdes, volatiles, poissons et reptiles. Ses dix doigts ne doivent pas faire souffrir le Moi vivant (IIIC). **9.** Il se gardera de voler et de frauder. **10.** Enfin, il s'interdira toute pratique magique, fabrication de phylactères, de philtres et de maléfices.

2. **La prière.** — Le laïc manichéen est astreint à quatre prières quotidiennes s'échelonnant entre aurore et nuit (lever, milieu du jour, coucher du soleil, nuit tombante). Elles doivent se faire de jour en direction du soleil et le soir en direction de la lune *(qibla)* ; si soleil et lune ne sont pas visibles, il priera tourné vers le nord ou l'étoile polaire. Dès le début de l'histoire du manichéisme, une telle conception de la *qibla* suscita de tous côtés des attaques et des interprétations erronées. Mani y répondit dans ses *Mystères* : « Soleil et lune sont notre chemin et la porte par où nous nous acheminons dans le monde de notre existence », c'est-à-dire vers la patrie céleste. Le rituel de la prière était strictement réglementé : conditions d'entrée par purifications et ablutions, formules à réciter en entier et correctement, gestes de l'orant et prosternations. Négliger l'un de ces points ou être distrait était péché.

3. **L'aumône.** — C'est l'obligation spécifique des laïcs comme l'est la pauvreté pour les religieux. En donnant le dixième ou le septième de ses biens, l'auditeur se purifie des œuvres du monde et per-

met, par contrecoup, à la communauté de ses frères élus de vaquer à leur fonction de prière et de prédication. C'est donc un service d'Eglise, une manifestation communautaire de justice. Si, en raison de l'indigence, de la misère ou pour toute autre raison l'aumône ne peut être versée, le laïc est tenu, même en ce cas, de demander pardon de n'avoir pu obéir à la règle. Le plus souvent, elle prenait la forme de dons : pains, fruits, légumes, vêtements, sandales. Elle pouvait également prendre d'autres formes selon l'importance sociale du laïc : rachat d'un captif, esclave ou prisonnier, aide substantielle pour sortir de la détresse quelques frères lointains, prêt temporaire d'un domestique, parent ou fils en faveur de la communauté, fondations diverses remises à l'autorité hiérarchique, entretien des bâtiments du monastère, prise en charge de leur extension. Nerf économique de l'Eglise, l'aumône est le lieu du partage et de l'échange : en donnant une partie de ses biens le laïc gagne le salut, en acceptant l'aumône le religieux fait l'apprentissage de la vraie pauvreté, condition *sine qua non* de la sainteté.

4. **Le jeûne.** — Comme le religieux, le laïc est tenu à l'obligation du jeûne, qu'il soit hebdomadaire ou annuel. Le jeûne hebdomadaire avait lieu le dimanche, jour du soleil. C'était pour le laïc l'occasion non seulement de s'abstenir de nourriture et de tout rapport sexuel en union avec ses frères religieux mais d'arrêter de travailler aux œuvres du monde. Le jeûne réalise l'union de l'Eglise car le laïc est, ce jour-là, membre à part entière de sa communauté, rien ne le distinguant plus du religieux. Cependant, les ruptures de ce jeûne dominical n'étaient pas rares, en particulier de la part

des notables, commerçants et éleveurs. La version du *Xwastwaneft*, en usage chez les populations manichéisées de langue turque dans la Haute-Asie (VIIIe-Xe siècle), évoque les cas des grands domaines (gestion accaparante, bêtes à soigner, troupeaux en nomadisation) ou celui des petites gens de santé précaire et miséreux. Manquer au jeûne volontairement ou involontairement, par paresse ou négligence, était péché. L'auditeur était également tenu au jeûne annuel de trente jours, lui-même précédé, à intervalles réguliers, de jeûnes festifs de très courte durée et culminant dans la célébration du Bêma. La règle a subi au cours des âges et selon les pays bien des divergences d'interprétation. Le contact de l'islamisation aura pu, en cette matière particulièrement, accentuer, par esprit de concurrence, le rigorisme de l'autorité hiérarchique.

5. **La confession des péchés.** — La confession hebdomadaire avait lieu le lundi, jour de la lune, aussi bien pour les auditeurs que pour les élus. L'auditeur s'agenouillait devant son frère religieux et demandait pardon pour tout péché de pensée, de parole ou d'action. La confession annuelle était collective et prenait place à la fin du jeûne de trente jours, lorsque la communauté réunie célébrait la passion du Seigneur, c'est-à-dire commémorait les événements tragiques qui marquèrent les derniers jours de Mani sur la terre. L'un des officiants récitait alors au nom des laïcs le formulaire de confession écrit à leur intention — pour aller plus vite, il pouvait se contenter de la formule finale ; dès lors tous les péchés de l'année entière écoulée se trouvaient pardonnés. Avec le cœur nouveau de l'enfant qui vient de naître, le laïc entrait dans la célébration de la grande fête communautaire.

IV. — La liturgie

Le cycle festif propre au manichéisme (car Epiphanie, Pâques et Pentecôte continuaient à être fêtées par les manichéens des régions chrétiennes) est basé sur la reconstitution idéale des dates du fondateur par son Eglise : naissance de Mani, appel de l'ange, envoi du prophète, passion et mort, martyre(s) des premiers apôtres. Toute fête avait une triple valeur : elle était commémoration d'un événement du passé, elle réalisait la communion des fidèles par le pardon des péchés et le chant des hymnes, elle annonçait le triomphe de la (vraie) religion lors du jugement dernier. A l'aide de la périodisation de l'année planétaire, elle actualisait et récapitulait les trois moments du temps global : histoire des origines de l'Eglise, présent de la vie ecclésiale, attente et espérance des fins dernières.

Ce qui est vrai de toute fête l'est tout particulièrement de la plus grande des solennités manichéennes, le Bêma, d'un nom grec signifiant estrade, tribunal, siège, chaire ou trône (syr : *bima* ; mp : *gah*). Dans l'architecture des églises syriaques, le bêma, élevé au milieu de la nef, est le trône épiscopal d'où le chef de l'Eglise préside et d'où l'évangile est proclamé. Dans les églises ou lieux de culte des manichéens, l'estrade à cinq degrés, recouverte d'étoffes précieuses et bien en vue face aux assistants, symbolisait les classes de la hiérarchie. Mais le haut de l'estrade restait vide car, fête du trône de Mani, le Bêma servait à perpétuer le souvenir de celui qui, invisiblement, continuait à enseigner, juger et diriger sa communauté.

Fête par excellence vers laquelle toutes les autres tendent, elle est aux manichéens ce que Pâques est aux chrétiens. Le Bêma manichéen emprunta à la fête chrétienne ses caractéristiques essentielles : la date (équinoxe du printemps), les préparatifs (vigiles et jeûnes de longue durée), le sens (célébration d'une passion). Bien que les manichéens n'aient jamais cessé de célébrer Pâques, cette dernière fut vite éclipsée en importance par le Bêma. Car, aux yeux des manichéens, la fête chrétienne ne célébrait qu'une passion et une mort apparentes, Jésus céleste ne pouvant ni naître ni mourir, alors que la fête manichéenne commémorait quelqu'un qui avait réellement souffert et qui était réellement mort. C'est donc par rapport à Mani seul que Pâques est une vraie pâque, c'est-à-dire un passage de la mort à la vie, de la nuit de souffrance et d'exil à la lumière de l'éternité bienheureuse, de la prison du corps et du monde à la délivrance du cycle des renaissances.

Le Bêma ne peut être dissocié des jeûnes festifs qui le préparent. Les règles présidant au comput de ces jeûnes permettaient de déterminer la date de la solennité. L'ancien calendrier de l'Eglise manichéenne de Babylone a été, pour l'essentiel, préservé par Ibn al-Nadim. Un premier jeûne de deux jours continus avait lieu lorsque, le soleil se tenant dans le Sagittaire, il y avait pleine lune (= 14-15 novembre). Au commencement de la nouvelle lune (« lorsque le croissant commence à poindre ») intervenait un deuxième jeûne de deux jours continus (= 1-2 janvier). Un troisième jeûne de deux jours continus avait lieu à la pleine lune suivante, lorsque le soleil se tenait dans le Capricorne (= 14-15 janvier). Un quatrième et dernier jeûne de trente jours discontinus, c'est-à-dire rompu chaque soir après le coucher du soleil, commençait dès que le soleil entrait dans le Verseau et que naissait la nouvelle lune, huit jours après le début du mois par synchronisme avec le commencement de la passion historique de Mani (= 8 février - 8 mars). Ainsi, de la fin de l'automne à la fin de l'hiver, les manichéens de tous rangs accomplissaient une série de trois doubles jeûnes à la mémoire de leurs saints martyrs, suivis d'un quatrième de trente jours, à la mémoire de leur fondateur, par lequel se clôturait l'année.

La fin du jeûne était marquée par la célébration du Bêma. De même que le début du grand jeûne annuel (8 février) correspondait idéalement à l'entrée de Mani en prison et au scellement de ses fers, la fin du jeûne (8 mars) correspondait à la date supposée de sa délivrance et de sa montée au ciel. Outre les miniatures manichéennes provenant de Xotcho (VIIIe-IXe siècle), l'essentiel de la documentation sur le Bêma repose sur la première partie du M 801 (mp et parthe) et d'un fragment en sogdien (T II D 123) publiés par Henning. Les textes ne donnent pas le début de la cérémonie mais on peut supposer que celle-ci s'ouvrait par une lecture de la passion de Mani, depuis sa crucifixion (= emprisonnement) jusqu'à la sortie de son corps (mort et ascension). Suivaient des prières d'intercession et de louange adressées à Mani et entrecoupées de pauses. Puis venait la célébration solennelle de l'*Evangile* de Mani qu'un officiant présentait à l'adoration des fidèles. Le rite pénitentiel, qui suivait, se composait d'une confession générale des péchés à l'aide de formulaires lus au nom des assistants par les ministres, et accompagnés du chant de trois hymnes à Mani avec imploration du pardon. Après le rite pénitentiel avait lieu la lecture de la « Lettre du sceau » (mp : *muhr dib*), dernier message que Mani, sceau des prophètes, avait écrit pour les siens peu de temps avant sa mort. Le chant de l'exultet, qui suivait, glorifiait l'apôtre monté au ciel et son Eglise triomphante. La communion avait lieu sous la forme d'un banquet sacré offert aux élus par les auditeurs : quelques beaux fruits, particulièrement riches en particules lumineuses, étaient alors partagés et mangés. Le repas festif prenait fin par des cantiques d'action de grâces.

Toute la nuit qui précédait la célébration de la fête se passait en prières et en chants ; c'est pour cet office de la nuit du Bêma que furent composés la plupart des hymnes portant le nom de la fête et conservés dans les textes de Tourfan et dans le Psautier copte. Au petit matin on ouvrait en grand les portes du sanctuaire pour laisser entrer les premiers rayons du soleil. En même temps que retentissait le chant de l'aurore assimilant Mani au soleil levant, les auditeurs arrivaient avec leurs dons de fruits et des pâtisseries qu'ils déposaient sur un trépied d'or ou sur la table de communion devant l'estrade. Autour d'elle, des bassins se remplissaient peu à peu de brassées de roses cueillies par les laïcs. Dans un vase d'or était versé le jus de fruit destiné à abreuver les élus. Un voile de lin couvrait l'estrade à cinq degrés figurant le trône de Mani siégeant au sommet de son Eglise et représenté par son icône. Le grand jour de joie des manichéens commençait alors au milieu des fleurs, des couleurs et des chants : « Salut, Bêma de victoire ! Voici, tous les arbres ce jour sont redevenus nouveaux ! Voici, les roses ont déployé leur beauté car le lien qui étiole leurs pétales a été rompu ! L'air entier est lumineux, la terre aussi fait pousser ses fleurs, les vagues de la mer sont apaisées car il s'est enfui le sombre hiver au trop-plein de tourmente » (Psautier copte).

Chapitre IV

LE PANTHÉON

Mani exprima ses idées sur le pourquoi et le comment de la nature des choses dans le cadre littéraire d'un récit légendaire *(Pragmateia)*. Il fit cela en tant que poète, visionnaire et Iranien. Ceci veut dire qu'il n'est ni philosophe ni théologien, ni Grec ni Juif. Selon lui, revenait au Messie historique (Jésus) le mérite essentiel d'avoir détruit la Bible juive, c'est-à-dire démontré la fausseté d'une religion fondée sur la Loi. Mais restait à communiquer la révélation : expliquer pourquoi et comment le mal s'était mélangé au bien, dire la vraie genèse des choses puisque l'autre Genèse avait été abolie, raconter une histoire qui dise tout et explique tout de bout en bout : début, milieu, fin. En somme, exposer les deux principes et les trois temps. Faire une telle révélation appartenait de droit au Sceau de la prophétie puisque ce dernier était censé réaliser la plénitude de la sagesse et de la science. C'est ainsi que Mani l'écrivain commença par dire ce qui avait impressionné Mani lecteur des apocalypses : il écrivit le *Shabuhragan*, son premier livre, pour raconter le temps final (séparation). Pour raconter en détail les états antérieur (non-limitation) et médian (mélange), il écrivit la *Pragmateia*. Le *Shabuhragan* annonçait une espérance, la *Pragmateia* expose un mythe tragique. Plutôt que de faire de ce dernier un résumé composite, on en donnera la version transmise par Théodore bar Konai (fin VIIIe siècle). Le docteur nestorien avait fabriqué son propre résumé sur un exemplaire syriaque de la *Pragmateia.* Bien que rédigé à la diable et émaillé de fautes de copistes, ce texte reste aujourd'hui encore le témoin le plus complet de l'exposé du mythe manichéen tel que Mani l'avait conçu et écrit. Les notations en italique, qui sont de moi, permettront de suivre le déroulement du récit.

I. — Le récit

1. L'état antérieur. — Avant l'existence du ciel et de la terre et de tout ce qui s'y trouve, il y a deux natures *(kyanin)*, l'une bonne, l'autre mauvaise. La nature bonne habite dans la terre de la lumière, Mani l'appelle Père de la grandeur *(abba d-rabbutha).* Habitent en dehors de lui ses cinq demeures *(skinatha)* : intelligence, science, pensée, réflexion, conscience. Mani appelle la nature mauvaise Roi de la ténèbre *(mlek heshuka)* ; il habite dans sa terre ténébreuse, dans ses cinq mondes : monde de la fumée, monde du feu, monde du vent, monde de l'eau et monde de la ténèbre.

2. Le temps médian. — A) *La première guerre.* — a) *Déclenchement des hostilités. Le Roi de la ténèbre entrevoit la beauté de la terre de la lumière et s'apprête à lui donner l'assaut.* Lorsque le Roi de la ténèbre eut projeté de monter vers la terre de la lumière, ces cinq demeures tremblèrent pour elles-mêmes.

b) *Le Père de la grandeur décide de riposter à l'attaque du Roi de la ténèbre par une première série d'appels (première création).* Le Père de la grandeur pensa et dit : « De mes mondes, ces cinq demeures-ci, je n'en enverrai pas au combat parce que c'est pour la prospérité et la paix qu'elles ont été créées par moi, mais c'est moi-même *(b-nafshey)* qui irai et qui la ferai, la guerre ! » Mani dit que le Père de la grandeur appela *(qra)* la Mère des vivants *(emma d-hayye)*, la Mère des vivants appela l'Homme primordial *(nasha qadmaya)*, et l'Homme primordial appela ses cinq fils à l'instar de qui revêt une armure pour le combat.

c) *Défaite de l'Homme primordial.* Alors sortit au-devant de l'Homme primordial un ange du nom de Nahashbat tenant en sa main la couronne de la victoire. L'ange déploya la lumière devant l'Homme primordial. Lorsqu'il la vit, le Roi de la ténèbre pensa et dit : « Ce qu'au loin je cherchai, dans la proximité je l'ai trouvé. » Alors l'Homme primordial s'offrit lui-même *(nafsh-eh)* et ses cinq fils en nourriture aux cinq fils de la ténèbre, à l'instar de celui qui, ayant un adversaire, lui offre, mêlé à une pâtisserie, un poison de mort. Lorsque les fils de la ténèbre eurent mangé, l'intelligence des cinq dieux Splendeurs *(ziwane)* fut détraquée. Ils furent comme l'homme mordu par un chien enragé ou par un serpent, cela à cause du venin des fils de la ténèbre.

d) *Deuxième riposte du Père de la grandeur qui crée une deuxième série d'appels (deuxième création), et sauvetage de l'Homme primordial par l'Esprit vivant.* L'intelligence étant revenue à l'Homme primordial, ce dernier adressa par sept fois une prière au Père de la grandeur. Celui-ci appela, deuxième appel *(qrayta)*, l'Ami des lumières *(habbib nahire)*. L'Ami des lumières appela le Grand architecte *(ban rabba)*, le Grand architecte appela l'Esprit vivant *(ruha hayya)*, et l'Esprit vivant appela ses cinq fils : l'Ornement de la splendeur *(sfat ziwa)* à partir de son intelligence, le Grand roi de la magnificence *(malka rabba d-iqara)* à partir de sa science, Adamas-Lumière *(Adamus-nuhra)* à partir de sa pensée, le Roi de la gloire *(mlek shubha)* à partir de la réflexion mais le Porteur *(subbala)* à partir de la conscience. Ils se rendirent dans la terre de la ténèbre où ils trouvèrent l'Homme primordial avalé par la ténèbre, lui et ses cinq fils. Alors l'Esprit vivant appela d'une voix forte. La voix de l'Esprit vivant fut semblable à une épée pointue, et il découvrit sa forme à l'Homme primordial et lui dit : « Paix à toi, bon au milieu des méchants, lumineux au milieu de la ténèbre, dieu qui habites au milieu des animaux de colère ne connaissant pas la magnificence (des fils de la lumière) ! — Alors l'Homme primordial répondit et dit : « Viens dans la paix, toi qui apportes le salaire de la prospérité et de la paix ! » — Et l'Homme primordial lui dit encore : « Comment vont nos pères, les fils de la lumière, dans leur cité ? » — Et l'Appel *(qraya)* lui dit : « Ils vont bien. » L'Appel et la Réponse *('naya)* s'unirent l'un à l'autre et montèrent vers la Mère des vivants et vers l'Esprit vivant. Et l'Esprit vivant se vêtit de l'Appel, et la Mère des vivants se vêtit de la Réponse, son enfant bien-aimé. Puis ils descendirent dans la terre de la ténèbre, là où se trouvaient l'Homme primordial et ses fils. *La suite du récit est donné par le Keph. 9 et par le rapport de Turbon dans les* Acta Archelai : l'Esprit vivant tend sa main droite à l'Homme primordial et le tire de la ténèbre. La Mère des vivants enlace son fils et lui donne un baiser. Puis l'Homme primordial est ramené en triomphe près des siens dans la terre de la lumière. *Fin de la première guerre, retour au texte de Théodore bar Konai.*

B) *Intermède I : l'œuvre démiurgique de l'Esprit vivant.* — a) *Equarrissage des archontes dont les dépouilles servent à fabriquer le monde.* Alors l'Esprit vivant ordonna à trois de ses fils que l'un tuât et que l'autre écorchât les archontes, fils de la ténèbre, afin d'être amenés à la Mère des vivants. Et la Mère des vivants (donna ses ordres et l'Esprit vivant) tendit le ciel à l'aide de leurs peaux et fit onze cieux. Puis les trois fils de l'Esprit vivant jetèrent leurs cadavres sur la terre de la ténèbre et firent huit terres.

b) *Les fils de l'Esprit vivant sont investis de la surveillance du cosmos.* Et les cinq fils de l'Esprit vivant reçurent tous l'investiture de leur fonction : l'Ornement de la splendeur est celui qui soutient les cinq dieux Splendeurs par leurs reins, et au-dessous de leurs reins furent tendus les cieux. Le Porteur est celui qui fléchit l'un de ses genoux et porte les terres. Et après qu'eurent été faits les cieux et les terres, le Grand roi de la magnificence siégea au milieu du ciel et monta la garde pour les retenir.

c) *Fabrication du soleil et de la lune, et mise en place des roues cosmiques.* Alors l'Esprit vivant manifesta ses formes aux fils de la ténèbre. A partir de la lumière qu'ils avaient avalée et qui provenait de ces cinq dieux Splendeurs, il opéra un (premier) filtrage de la lumière et fit le soleil et la lune. A partir de la lumière qui était de reste en provenance de ces navires, il fit les roues du vent, de l'eau et du feu. Puis il descendit, et les fixa (mss : forma) par en dessous près du Porteur. Et le Roi de la gloire appela (= créa) et établit pour elles une orbite pour qu'elles effectuent leur ascension en passant par-dessus les archontes qui sont cloisonnés dans les terres. Elles ont pour raison d'être de servir les cinq dieux Splendeurs et d'empêcher qu'ils ne soient consumés par le poison des archontes.

C) *Intermède II : achèvement de la démiurgie par le Messager.* — a) *Troisième appel ou création. Le Messager met en marche la machine cosmique.* Mani dit qu'alors se levèrent pour la prière la Mère des vivants, l'Homme primordial et l'Esprit vivant et qu'ils invoquèrent le Père de la grandeur. Ce dernier les entendit et appela, troisième appel, le Messager *(izgadda)*. Et le Messager appela les douze Vierges avec leurs vêtements, leurs couronnes et leurs attributs. La première est la royauté, la deuxième la sagesse, la troisième l'innocence, la quatrième la conviction, la cinquième la pureté, la sixième la fermeté, la septième la foi, la huitième l'endurance, la neuvième la droiture, la dixième la bonté, la onzième la justice, la douzième la lumière. Et lorsque le Messager parvint aux navires (= soleil et lune), il chargea trois serviteurs de les mettre en marche. Et le Grand architecte fut chargé par lui de construire une terre nouvelle et (d'actionner) les trois roues pour les faire monter.

b) *Le Messager se manifeste pour provoquer une éjaculation des archontes.* Dès que les navires se mirent à marcher et parvinrent au milieu du ciel, alors le Messager manifesta ses formes mâle et femelle, et il fut aperçu de tous les archontes, fils de la ténèbre, mâles et femelles. A la vue du Messager aux belles formes, tous les archontes brûlèrent de désir pour lui : les mâles pour la figure femelle et les femelles pour la figure mâle. Et ils commencèrent à laisser échapper, en même temps que leur désir, la lumière qu'ils avaient avalée et qui provenait des cinq dieux Splendeurs. C'est alors que le péché (= le sperme) des archontes fut contenu car s'étant, comme un cheveu dans de la pâte, mélangé avec cette lumière sortie des archontes, il cherchait à entrer (en même temps qu'elle, dans le Messager).

c) *Le Messager se cache pour engager le processus de séparation de la lumière et du « péché » (origine du monde végétal et animal).* Alors le Messager voila ses formes et sépara de la lumière des cinq dieux Splendeurs le péché (= sperme) des archontes. Et le péché, qui était tombé des archontes, retomba sur eux. Mais ils ne l'acceptèrent pas, comme quelqu'un pris de dégoût pour son propre vomissement. Le péché tomba alors sur la terre, une moitié dans l'humide et une moitié dans le sec. La moitié tombée dans l'humide devint une bête monstrueuse à l'image du Roi de la ténèbre. Et Adamas-Lumière fut envoyé contre elle, livra contre elle un combat, la vainquit, la retourna sur le dos et la frappa de la lance en plein cœur. Puis il abattit son bouclier sur sa bouche et mit un pied sur ses hanches et l'autre sur sa poitrine. Quant à la moitié tombée dans le sec, elle donna naissance à cinq arbres. *Fin de la création du monde.*

D) *La deuxième guerre.* — a) *Déclenchement des hostilités. Les démons entreprennent une contre-création (Adam et Eve) pour perpétuer par la race humaine l'exil des lumières.* Mani dit que ces filles de la ténèbre étaient enceintes depuis le commencement par le fait de leur propre nature. Et, par suite de la beauté des formes du Messager qu'elles avaient entrevu, leurs fœtus avortèrent et tombèrent sur la terre où ils mangèrent les pousses des arbres. Et les avortons délibérèrent entre eux et se rappelèrent la forme du Messager qu'ils avaient vue, ils dirent : « Où est la forme que nous avons vue ? » — Et Ashaqlun, le fils du Roi de la ténèbre, dit aux avortons : « Donnez-moi vos fils et vos filles, et moi je vais vous faire une forme comme celle que vous avez vue ! » — Ils les lui amenèrent et les lui donnèrent. Il mangea les mâles et donna les femelles à Nebroël, sa compagne. Et Nebroël et Ashaqlun s'unirent l'un à l'autre, et Nebroël conçut et enfanta de lui un fils, qu'elle appela Adam. Puis elle conçut et enfanta une fille, qu'elle appela Eve.

b) *Riposte du Père de la grandeur. Jésus-Splendeur est envoyé pour tirer Adam de la torpeur.* Et Mani dit que Jésus-Splendeur s'approcha d'Adam simplet et l'éveilla du sommeil de la mort pour qu'il soit délivré de l'esprit innombrable. Et à l'instar d'un juste trouvant quelqu'un possédé d'un démon redoutable qu'il fait taire par son art, ainsi était Adam quand l'ami (= Jésus-Splendeur) le trouva jeté dans un sommeil profond, il l'éveilla, le fit se mouvoir et le tira de sa torpeur, il chassa loin de lui le démon séducteur et lia loin de lui l'archonte femelle tentaculaire. Et alors Adam examina son âme *(nafsh-eh)* et connut qui il était. Et Jésus-Splendeur lui fit voir les pères dans la hauteur (= les cinq facultés intellectuelles) ainsi que sa propre âme (à lui Adam) totalement jetée aux dents du léopard et aux dents de l'éléphant, avalée par les avaleurs et sucée par les suceurs, mangée par les chiens et mêlée et emprisonnée dans toute existence, et liée dans la puanteur de la ténèbre. Puis Jésus-Splendeur fit mettre Adam debout et le fit goûter à l'arbre de la vie. Alors Adam regarda et pleura, puis il poussa un grand cri tel un lion rugissant. Il s'arracha les cheveux et se frappa la poitrine, disant : « Malheur, malheur au créateur de mon corps et au lieur de mon âme et aux maraudeurs qui m'ont fait esclave ! » — *Finie chez les dieux, la deuxième guerre ne fait que commencer chez les hommes. Elle durera jusqu'à ce que la dernière particule lumineuse se soit dégagée du mélange matériel et réintègre l'Homme parfait des cinq Splendeurs intellectuelles du Père.*

3. Le temps final. — Théodore bar Konai ne dit rien du temps final pour la bonne raison que l'eschatologie n'entrait pas dans l'objet de la *Pragmateia*. Disons pour mémoire que ce temps final est celui de la troisième et dernière guerre, appelée « grande guerre » dans les sources manichéennes et décrite par Mani dans son *Shabuhragan*. Les épisodes successifs qui marquent ces fins dernières (persécutions contre les fidèles, puis triomphe universel de l'Eglise manichéenne, parousie de Jésus, jugement dernier, écroulement des mondes et incendie, séparation définitive des natures) appartiennent tous, pour l'essentiel, à la littérature apocalyptique judéochrétienne dont s'était nourri Mani adolescent.

II. — Synopsis du panthéon manichéen

Trois traits essentiels (polarité, quinarité, polyonymie) caractérisent le panthéon manichéen.

La polarité, confondue à tort avec le dualisme métaphysique, est le jeu dialectique (les manichéens disaient « combat ») auquel se livrent dieux et antidieux dans le corps du monde et dans celui des vivants. Les démons et leur chef suprême, qui occupent dans l'espace mythique les terres méridionales, n'ont pas pour rôle de mettre en cause la transcendance et la suprématie du Premier qui habite au Septentrion mais de servir de repoussoirs parasitaires mais absolument nécessaires à la mise en place des dieux des trois créations. Mani n'a pas voulu fabriquer une démonologie originale ; celle, toute rudimentaire, qu'offrait le folklore international de son temps lui suffisait amplement pour lui permettre d'élaborer ce qui pour lui était l'essentiel : la théogonie.

La quinarité est le principe organisateur spécifique de la théogonie. Ce point sera traité dans le sous-chapitre suivant.

La polyonymie, c'est-à-dire la superposition des noms donnés à un même dieu dans les différentes langues parlées du manichéisme, a été expliquée comme effet du syncrétisme ou argument de missiologie. Elle est la conséquence directe, dans la pensée de Mani, de l'influence d'un milieu culturel où les noms des dieux nationaux ne servent qu'à décrire des fonctions à l'intérieur d'une organisation hiérarchique de l'espace céleste.

1. La démonologie.

ROI DE LA TÉNÈBRE (c)

autres noms : Diable (gr, lat, copt) ; Satan (ar) ; Ahremen (mp, parth, vt) ; Shimanu/Shimnu (sogd, vt) ; Prince des ténèbres (lat, copt) ; Grand archonte (gr, lat) ; Hylê (syr, gr) ; Matière (lat) ; Mal (lat).

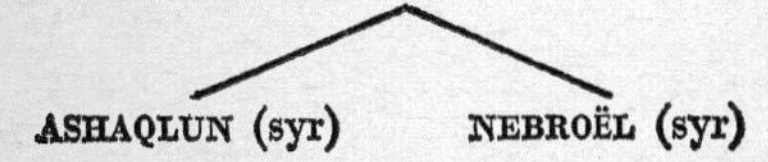

autres noms d'Ashaqlun (= Shaqlun : mp, parth, sogd, ar ; Saclas : gr, lat, copt) : Prince du rut (gr) ; Lou-yi (chin) ; Désir (parth : Awarzhog) ; Fils du roi de la ténèbre (c). Autres noms de Nebroël/Namraël : Concupiscence (= Az : mp, parth, sogd) ; Ye-lo-yang (chin) ; Epouse de Saclas (c).

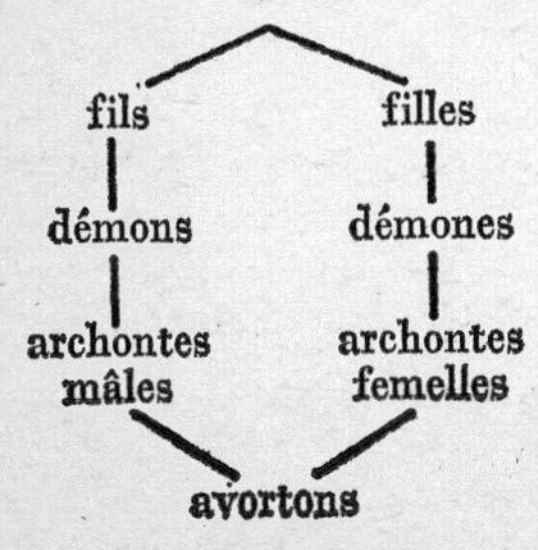

2. La théogonie.

PÈRE DE LA GRANDEUR (c)

autres noms : Père de la lumière (parth) ; Père magnifique des lumières (copt) ; Père primordial (parth) ; Dieu (c) ; le Bon Dieu (gr) ; Dieu Sroshaw (parth) ; Zurwan (mp, parth, sogd : Azrua, vt : Äzrua) ; Souverain du paradis (mp, parth) ; Dieu souverain du paradis de la lumière (sogd) ; Roi des jardins de la lumière (ar) ; Vénérable de la lumière du monde de la lumière pure (chin) ; Grand roi (ar) ; Roi du monde de la lumière (ar) ; Dieu de la vérité (copt) ; Dieu véritable (parth) ; Seigneur du tout (copt).

Première création (appel)

I. MÈRE DES VIVANTS (c)

autres noms : Mère de la vie (c) ; Mère vivante (parth) ; Mère excellente ou Bonne Mère (chin) ; Mère primordiale (copt) ; Mère des justes (parth, sogd) ; Mère de la lumière (parth) ; Mère du Seigneur Ohrmizd (mp, parth) ; Dieu gynémorphe (mp) ; Dieu dispensateur de paix, de joie (sogd) ; Mère joyeuse (ar) ; Esprit saint primordial (copt) ; Grand esprit (copt, parth) ; Esprit de la droite (ar) ; Esprit saint (c).

II. HOMME PRIMORDIAL (c)

autres noms : Seigneur Ohrmizd (mp, parth, sogd) ; Dieu Ohrmizd (vt) ; Sien-yi (chin).

III. LES CINQ FILS DE L'HOMME PRIMORDIAL (c)

autres noms : les cinq dieux (syr, vt : Dieu quinaire) ; les cinq lumières (syr, parth) ; les fils de la lumière (syr) ; les cinq éléments (syr, gr, lat, copt) ; les cinq corps (ar, chin) ; les

	syr	*copt*	*ar*[1]	*gr + lat*	*mp*	*ar*[2] *+ vt*
1.	lumière	lumière	feu	vent	air	brise
2.	vent	feu	lumière	lumière	vent	vent
3.	eau	eau	vent	eau	lumière	lumière
4.	feu	vent	eau	feu	eau	eau
5.	air	air	brise	[air]	feu	feu

cinq membres (gr, ar) ; les splendeurs (syr) ; l'armure (c) ; les Saints immortels (= Amahraspandan : mp, sogd) ; l'âme, ou Moi (c) ; la bonne âme (mp) ; l'âme vivante (syr, copt, parth, sogd) ; Moi lumière (mp, parth) ; Moi vivant (mp, parth, sogd, vt) ; Dieu de ce qui est réellement (mp).

Deuxième création (appel)

I. AMI DES LUMIÈRES (syr, mp, ar)

autres noms : Bien-aimé des lumières (syr, parth, sogd) ; Sublime des lumières (mp).

II. GRAND ARCHITECTE (syr, mp, parth, sogd)

autres noms : Dieu artisan de la terre nouvelle (syr, mp, parth) ; Dieu Bam (parth < syr : *ban*) ; Architecte des lumières (mp).

III. ESPRIT VIVANT (c)

autres noms : Souffle pur (chin) ; Démiurge (gr, sogd : Wishparkar) ; Dieu Mihr (mp) ; Seigneur des sept parties du monde (sogd) ; Père de la vie (copt) ; Juge de la vérité (copt) ; Juste juge (parth, sogd).

IV. LES CINQ FILS DE L'ESPRIT VIVANT (c)

autres noms : les saints du macrocosme (chin) ; les cinq envoyés de la lumière (chin).

1. *Ornement de la splendeur* (syr)

autres noms : Qui maintient le monde (sogd, chin) ; Qui retient les splendeurs (lat : Splenditenens, gr : Pheggokatokhos) ; Maître du pays (mp : dahibed).

2. *Grand roi de la magnificence* (syr)

autres noms : Roi d'honneur (lat : Rex honoris) ; Seigneur du ciel (sogd) ; Grand roi des dix cieux (chin) ; Maître du poste de garde (mp : Pahrbed/Pahragbed).

3. *Adamas-lumière* (syr, copt)

autres noms : Adamas (gr, lat) ; Héros combattant (lat) ; Vainqueur qui soumet les démons (chin) ; Maître du village (mp : wisbed) ; Dieu tétramorphe (mp) ; Seigneur Wahram (sogd).

4. *Roi de la gloire* (syr, copt, lat : Gloriosus rex)

autres noms : Qui accélère la clarté (chin) ; Dieu des trois roues (vt) ; Dieu qui fait monter le souffle, qui évoque l'esprit (mp) ; Maître de la tribu (mp : zandbed) ; Terre Spendarmard (sogd).

5. *Porteur* (syr)

autres noms : Atlas (gr, lat, copt) ; Omophore (gr, copt, lat : mundum ferens humeris, sogd) ; Qui est aux entrailles de la terre (chin) ; Maître de la maison (mp : manbed).

Troisième création (appel)

I. LE MESSAGER (syr)

autres noms : Envoyé (gr, copt) ; Troisième envoyé (gr, copt, lat : Tertius legatus, parth, sogd) ; Grand envoyé de la lumière bienfaisante (chin) ; Laboureur habile (chin) ; Dieu Narisah (mp) ; Dieu Narisaf (parth, sogd) ; Dieu de la terre de la lumière (mp, parth) ; Seigneur Zenares (mp) ; Dieu Mihr (parth).

II. JÉSUS-SPLENDEUR (syr, mp, parth)

autres noms : Sauveur (gr, copt, lat) ; Dieu du monde de la sagesse (mp) ; Envoyé de la lumière (chin).

III. VIERGE DE LA LUMIÈRE (c)

autres noms : les douze vierges (syr) ; les vierges (parth) ; les douze vierges de la lumière (syr, mp) ; les douze filles de Dieu (sogd) ; les douze souverainetés (parth) ; Sadwis (parth) ; Manifestation divine gynémorphe (mp).

IV. HOMME PARFAIT (gr, copt, lat, mp, parth)

autres noms : Wahman (mp, parth) ; Intellect-lumière (copt, parth, sogd) ; Grand intellect (copt, mp) ; Grande lumière (chin) ; Homme nouveau (copt, lat, chin) ; Colonne de gloire (syr, gr, copt, ar, parth : Bamistun, sogd) ; Srosh/Sraosha juste (mp, sogd, chin) ; Dieu porteur des mondes (mp) ; Grand Omophore (copt) ; Gloire de la religion (mp, parth, sogd) ; Dieu pleinement achevé (sogd).

V. LES CINQ MEMBRES DE L'HOMME PARFAIT (copt, ar)

autres noms : les cinq genres (ar) ; les cinq pensées (parth) ; les cinq mondes (syr, ar, gr, lat) ; les cinq éons (gr) ; les cinq demeures (syr) ; les noms de l'âme (gr) ; les pères (syr) ; les splendeurs intellectuelles (gr).

	syr	*gr*	*lat*	*mp*
1.	intelligence	Noûs	mens	Bam
2.	science	Ennoia	sensus	Manohmed
3.	pensée	Phronêsis	prudentia	Us
4.	réflexion	Enthumêsis	intellectus	Andeshisn
5.	conscience	Logismos	cogitatio	Parmanag

III. — Le système quinaire

Le cœur du système mythologique tient dans la mise en place de trois séries d'appels aboutissant à la quinarité, c'est-à-dire dans l'ordre de leur apparition : éléments indécomposables (A), fonctions cosmiques personnifiées (B), facultés intellectuelles personnifiées (C) :

A)	I	II	III	————————	→	5
B)	I	II	III	IV	———→	5
C)	I	II	III	IV	V →	5

Ces trois séries de créations représentent les trois modes possibles d'appréhender la nature de la lumière : physique, cosmologie, psychologie.

La première série des cinq splendeurs (syr : *ziwane*), armure de l'Homme primordial, est formée des éléments constitutifs des corps lumineux qui remplissent l'atmosphère et qui proviennent tous du corps même du soleil. Sur ce donné fondamental de la structure pentadique des corps solaires — cosmologie déjà chez Bardesane et débattue dans toute la philosophie de l'époque d'expression grecque —, la spéculation manichéenne opère deux transferts décisifs pour la mise en place de son mythe : d'une part, les *ziwane* sont transférés dans l'habitacle du sommet de l'univers où ils forment les habitations de l'entité suprême (Père de la grandeur) ; d'autre part, ces mêmes *ziwane*, arrachés à l'armure de l'Homme primordial par la violence du désir de Satan, s'enfoncent dans les parties basses ou celliers du cosmos où elles se mélangent à leurs contraires « sales » et « compacts », selon les qualificatifs qu'utilise le tableau des catégories dans *al-Milal* :

	syr/copt	*ar*^{1}	*ar*^{2}
1.	fumée	brouillard	incendie
2.	feu	incendie	ténèbre
3.	vent	simoun	simoun
4.	eau	poison	brouillard
5.	ténèbre	ténèbre	fumée → Hummama

Il y a accord des sources pour décrire le mélange comme un combat s'achevant par une ingurgitation et ingestion des *ziwane* dans la panse cosmique du Roi de la ténèbre. Que cette première série constitue le fondement cosmologique d'une conception de la lumière comme étant d'essence astrale, le témoignage d'al-Shahrastani est formel : « La terre de la lumière n'a pas cessé d'être subtile contrairement à la forme de cette terre-ci ; elle a la forme du corps *(jirm)* du soleil et son rayonnement est comme le rayonnement du soleil. » C'est donc bien la série corpusculaire qui donne le branle au récit et une assise au système, et non la série conceptuelle fixée en tant que telle par les sources iraniennes mais aussi, semble-t-il, par le rapport de Turbon, au terme du processus de la troisième création.

La deuxième série présente les cinq fonctions démiurgiques qu'exercent les fils de l'Esprit vivant : gardien des *ziwane* pour l'Ornement de la splendeur, combattants de démons avaleurs de *ziwane* pour le Grand roi de la magnificence et Adamas-Lumière, surveillant des roues distillatrices pour le Roi de gloire, porteur des terres célestes pour Atlas. Les sources sont prolixes sur ces fonctions ; le succès populaire des légendes de gigantomachie permettait aux manichéens de grossir l'exposé de Mani par nombre de détails qui frappaient l'imagination. Ceux-ci ne doivent cependant pas faire oublier l'essentiel : le démiurge fabrique les deux luminaires à partir des « restes de l'âme », c'est-à-dire d'éléments ingurgités par les archontes puis recrachés par eux et enfin filtrés. Les deux astres sont donc, comme le dit ʿAbd al-Jabbar, « pure lumière » et à ce titre situés au-delà du zodiaque et des planètes.

La troisième série des abstractions personnifiées forme l'Homme parfait ou Intellect-lumière, qui résulte de la mise en marche de la machine à épurer les dernières particules de lumière diffuses dans le monde. Le Messager prend place dans le soleil ; Jésus-Splendeur, assisté de la Vierge de la lumière, s'installe dans la lune ; commence alors le raffinage des *ziwane* par les trois roues du vent, de l'eau et du feu ; les particules de lumière arrachées à l'épaisseur de la Hylê par les godets de la machine sont épurées puis transbordées dans la lune qui les transmet au soleil qui les transmet à la terre de la lumière au sommet de l'univers. Ce fret forme un axe reliant les parties basses du monde aux parties hautes et autour duquel s'enroulent et circulent les corps entraînés par le mouvement circulaire des roues.

Ce mouvement circulaire a pour effet de transformer radicalement la nature de ces corps lumineux. La rotation fait d'eux des membres de l'Intellect (gr : *noera*) ; ils constituent dès lors l'Homme parfait :

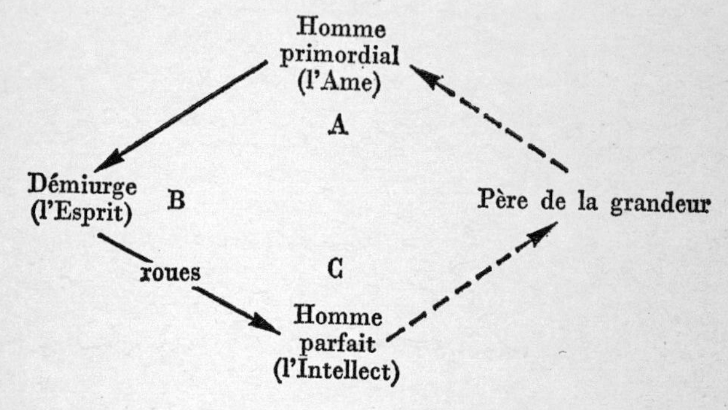

Mani n'a pas construit son épure en philosophe mais en peintre. Le système n'est pas né d'une réflexion théorique mais d'un comportement lié à la perception des couleurs, des odeurs et des saveurs. La physique des *ziwane* est donc une physique de type sensoriel. « Le goût agréable qui est dans les aliments, déclare Mani cité par Ephrem, appartient à la lumière qui est mélangée en eux. » Dans le témoignage d'al-Shahrastani, la terre de la lumière, séjour du Père de la grandeur, est également décrite en termes sensoriels : « Elle sent très bon, et ses couleurs sont les couleurs de l'arc-en-ciel. » De son côté, Augustin note que, si les manichéens sont particulièrement friands de céréales, raisins, melons, laitues, olives, roses et violettes, c'est parce que les couleurs de ces fruits et légumes sont « signes de la présence de Dieu ». La couleur est donc le premier des trois biens *(tria bona)*, que la lumière (masculin en araméen) insémine dans l'œil (féminin). Quatre couleurs de *ziwane* sont connues par un fragment de Bardesane cité dans le *Contre Mani* d'Ephrem : « La lumière est blanche, le feu rouge, le vent bleu, l'eau verte. » La cinquième couleur est l'or, qu'Augustin mentionne comme signe de la lumière inhérente aux melons et qui s'applique au cinquième élément, air, brise ou éther.

Il faut noter, enfin, que le processus qui amène la machine gastrique de l'élu manichéen à distiller la lumière diffuse dans les aliments correspond biologiquement au processus cosmique d'épuration des *ziwane* par la machine à trois roues mise en place lors de la deuxième création. Autrement dit, le manichéen est par rapport à son ventre ce que le démiurge et ses fils sont par rapport au monde, c'est-à-dire un fabricant de lumière. Le microcosme répète le macrocosme.

Augustin a très bien compris le mécanisme de cet échange. Après avoir résumé dans son traité *Sur les mœurs des manichéens* le mythe du mélange aboutissant au panpsychisme, il ajoute : « Si les aliments composés de légumes et de fruits entrent dans le corps des saints (= élus), par leur chasteté, leurs prières et leurs psaumes tout ce qu'il y a dans ces aliments de beau et de divin est purifié, c'est-à-dire mis parfaitement en état de regagner ses propres royaumes à l'abri de toute souillure. » Mastication, déglutition, digestion aboutissent à une séparation entre la matière ténébreuse de l'aliment, évacuée dans les selles, et sa partie lumineuse et divine, le « membre de Dieu » *(membrum dei)*, qui accomplit le retour vers la pure lumière.

Un texte tiré du *De natura boni* (§ 45) précise le témoignage du *De moribus* : « La portion et nature de Dieu qui a été mélangée est purifiée *(purgari)* par les élus quand ils mangent et boivent, car elle est enchaînée dans tous les aliments, disent-ils. Donc, lorsque les élus ou saints, prenant ces aliments pour la réfection de leurs corps, les mangent et les boivent, par leur sainteté la portion de Dieu mélangée est détachée *(solvi)*, scellée *(signari)* et délivrée *(liberari)*. » Les quatre verbes cités par Augustin sont techniques : grâce à la luminosité que renferme son corps, autrement dit la *sanctitas*, l'élu filtre la lumière par séparation de ce qui est souillé et par sa capacité à garder intacte la partie filtrée, puis il l'affranchit en la restituant au monde d'en haut. La manducation comprend donc deux opérations essentielles : une descente des aliments de la bouche vers l'estomac où a lieu le filtrage (syr : *sulala* ; lat : *purgatio*) et une remontée des particules filtrées puis restituées (syr : *masaqta* ; lat : *reditus*). Double mouvement qui répète au plan du corps humain le double mouvement cosmique de descente et de remontée des *ziwane*, d'abord avalés par les démons puis recrachés par eux dans le monde, enfin distillés par les roues qui les véhiculent vers la lune et le soleil d'où ils sont transbordés dans la terre de la lumière. Selon la belle formule des manichéens chinois, « l'univers est la pharmacie où les corps lumineux guérissent ».

CHRONOLOGIE DU MANICHÉISME

277	Mort de Mani dans la prison de Beth-Lapat (Gundeshabuhr), avant l'été. Sis évince Gabriabos dans la course au pontificat suprême. Mort de Vahram Ier, quatrième souverain sasanide (juillet).
± 280	P. Rylands 469 (= 700 Van Haelst), grec. Lettre pastorale d'un évêque d'Egypte (Théonas d'Alexandrie ?). S'en prend aux pratiques rituelles et ascétiques des manichéens et met en garde contre la propagande des femmes de la secte. Le plus ancien document antimanichéen retrouvé.
± 291-292	Martyre de Sis. Innaios, frère de Zabed, prend la tête de l'Eglise manichéenne.
297	31 mars, à la suite d'un rapport de Julianus, proconsul d'Afrique, Dioclétien promulgue d'Alexandrie un édit contre les manichéens suspectés d'être des agents de l'ennemi traditionnel des Romains : *Persica adversaria nobis gente*. Peines prévues : livres et dirigeants doivent être jetés au feu ; peine capitale et confiscation des biens pour les fidèles.
298	Narseh, septième sasanide, est vaincu par Galerius, chef de l'armée romaine et cède aux Romains cinq cantons de la Petite Arménie. L'accord de paix durera une quarantaine d'années.
± 300	Des manichéens fréquentent l'école de philosophie d'Alexandre à Lycopolis (Asyut). Alexandre écrit un traité contre les doctrines de Mani (texte grec conservé).
± 301-302	Première parution des livres I-VIII de l'*Histoire ecclésiastique* d'Eusèbe. Dans sa courte notice sur Mani (VII, 31), Eusèbe ignore les *Acta Archelai*.

302-309	Règne d'Hormizd II, fils de Narseh. Persécution des manichéens d'Iran.
± 306	Naissance d'Ephrem le Syrien à Nisibe.
336-337	Afrahat, « le Sage persan », écrit en syriaque ses dix premières *tahwyatha* (« démonstrations »). Première mention de Mani chez les écrivains de langue syriaque (II, 9).
± 340	Rédaction grecque des *Acta Archelai*, attribué à un certain Hegemonius. Exposé rocambolesque des origines de Mani, qui deviendra la source majeure de l'hérésiologie chrétienne. Mani est présenté comme petit esclave d'une riche veuve héritière d'un certain Terbinthos/Boudda, lui-même héritier d'un commerçant de la Saracène de culture grecque, Scythianos. Quand elle meurt, elle lègue sa fortune à son affranchi Koubrikos/Mani !
± 345	Eusèbe, évêque d'Emèse, écrit un traité contre les manichéens, mentionné par Epiphane et Théodoret. Texte perdu.
348	Cyrille de Jérusalem compose sa VIe Catéchèse baptismale. Première citation connue des *Acta Archelai.*
± 350	Fabrication des codices coptes, dits de Nag' Hammadi (Haute-Egypte).
± 352	Georges de Laodicée écrit un traité contre les manichéens, cité par Epiphane et Théodoret. Texte perdu.
354	13 novembre, naissance d'Augustin à Thagaste, Numidie (= Souk Ahras, Algérie).
± 358	Mort de Sérapion de Thmuis, auteur d'un traité contre les manichéens. Texte conservé.
363	Julien (l'Apostat) meurt dans sa guerre contre Shabuhr II. Lors de l'accord de paix signé avec Jovien, les Iraniens acquièrent Nisibe et les cantons de la Petite Arménie autrefois perdus par Narseh.
364	Le rhéteur païen Libanius écrit à son ami Priscianus, gouverneur de la Palestine : « Il y a des manichéens un peu partout, mais nulle part il n'y en a beaucoup. Ils ne font du mal à personne, mais d'aucuns leur font du mal. »

± 365 Version latine des *Acta Archelai*. Titus de Bostra compose les quatre livres de son traité contre les manichéens, complet seulement en version syriaque.

± 370 Fragment Lefort (Paris, B.N., 131[4], ff^{os} 154-158). Copte sahidique. Provenance : Monastère Blanc. Auteur : moine de Haute-Egypte. Extrait d'un traité contre les païens et les hérétiques. Contient quatre citations des *Acta Archelai* (discours de Turbon), identifiées par H. J. Polotsky (1932).

372 2 mars, édit de Valentinien Ier contre les manichéens de Rome. Amendes, bannissement et confiscation des lieux de culte.

373 Augustin entre comme *auditor* dans l'Eglise manichéenne d'Afrique. Mort d'Ephrem le Syrien à Edesse (9 juin ?).

± 375 Macaire de Magnésie compose son *Apocriticus*, dans lequel il reconnaît que le manichéisme a « corrompu » toutes les régions de l'Orient.

376 Epiphane rédige l'hérésie 66 de son *Panarion*, relative aux manichéens. Longues citations des *Acta Archelai* et utiles renseignements sur l'implantation manichéenne en Palestine.

± 378 Diodore de Tarse compose son grand traité contre les manichéens, mentionné par Théodoret et par Photius. Texte perdu. Dans les sept premiers livres, il réfutait l'*Evangile* de Mani et le *Modion* d'Addas.

± 380 P. Heidelberg 684. Fragment extrait d'une traduction copte sahidique de la VIe Catéchèse de Cyrille de Jérusalem.

381 8 mai, édit de Théodose Ier frappant les manichéens de mort civile et leur enlevant le droit de tester. Renouvelé le 31 mars 382 et appliqué à tout « manichéen » se cachant sous les noms d'encratite, de saccophore et d'hydroparataste.

383 Augustin, âgé de vingt-neuf ans, rencontre à Carthage Faustus de Milev, *episcopus* manichéen pour l'Afrique. Déçu par Faustus, Augustin commence à se détacher du

	manichéisme, sans rompre cependant de façon définitive.
385	Priscillien et ses associés sont exécutés à Trèves comme « manichéens ». Filastre de Brescia écrit son catalogue d'hérésies ; il utilise pour rédiger la notice sur les manichéens (61) la version latine des *Acta Archelai.*
386	Faustus de Milev est condamné à l'exil avec d'autres manichéens. En janvier 387, à l'occasion des *vota publica* de Théodose et d'Arcadius, la peine est abrogée.
387	Nuit du 24 au 25 avril, Augustin reçoit le baptême à Milan.
388-389	Augustin écrit le *De moribus*, son premier ouvrage contre les manichéens.
389	17 juin, édit de Valentinien II (en réalité Théodose Ier) condamnant à l'exil les manichéens de Rome.
± 390	Fabrication en Haute-Egypte des codices manichéens coptes, retrouvés à Medinat Madi (Fayoum).
392	Débat public à Hippone entre Augustin et Fortunatus, *presbyter* manichéen d'Hippone. A cette date, Faustus de Milev est mort.
394	Augustin écrit le *Contra Adimantum.*
396-397	Augustin écrit le *Contra epistulam fundamenti.*
398-400	Augustin lit les 33 *Capitula* de Faustus de Milev et rédige les 33 livres du *Contra Faustum.*
404	Démêlés de Porphyre, évêque de Gaza, avec Julie d'Antioche, élue manichéenne. Décembre : débat public dans l'église d'Hippone entre Augustin et Felix, *electus* de l'Eglise manichéenne d'Afrique.
405	12 février, Honorius renouvelle les constitutions de ses prédécesseurs contre les manichéens. De fortes amendes seront infligées aux gouverneurs et aux fonctionnaires n'exécutant pas ses ordres.
± 420	Un auditeur manichéen, nommé Felix, dénonce dans son billet d'abjuration onze de ses coreligionnaires résidant en Maurétanie Césarienne.

425	23 octobre, Valentinien III bannit les manichéens au-delà de la centième borne à partir de Rome.
428	Théodose II interdit aux manichéens de séjourner dans les villes.
430	28 août, Augustin meurt à Hippone.
443	Le pape Léon Ier le Grand s'active contre les manichéens de Rome et contre leur évêque.
445	19 juin, Valentinien III renouvelle toutes les mesures prises par ses prédécesseurs contre les manichéens.
± 453	Théodoret compose son catalogue d'hérésies. Premier exposé d'un écrivain grec chrétien, arrivé jusqu'à nous, décrivant en termes précis le mythe manichéen.
± 490	Héraclien de Chalcédoine écrit un traité contre les manichéens en 20 livres, mentionné par Photius. Il réfutait l'*Evangile*, le *Livre des Géants* et le *Trésor* de Mani.
492	Le pape Gélase Ier découvre plusieurs manichéens à Rome, et les condamne à la déportation après avoir fait brûler leurs livres.
± 510	Julien d'Halicarnasse compose un traité contre les manichéens, mentionné dans la *Doctrina Patrum*.
518	25 mars, Sévère, patriarche monophysite d'Antioche, prononce une homélie contre les manichéens (123). Texte conservé dans une version syriaque de Jacques d'Edesse (début VIIIe siècle). Cite de larges extraits du début de la *Pragmateia* de Mani.
± 520	Le pape Hormisdas fait soumettre à la torture plusieurs manichéens et brûler leurs livres, avant de les condamner à l'exil.
527	Remise à jour de la législation antimanichéenne par les empereurs Justin et Justinien. La peine de mort frappe non seulement les manichéens mais les convertis ne dénonçant pas leurs anciens coreligionnaires ou soupçonnés d'avoir des contacts avec eux. Des peines sévères sont prévues pour les fonctionnaires conservant des livres mani-

chéens ou ne dénonçant pas leurs collègues manichéens. Le nestorien Paul le Perse est chargé de confondre en débat public le manichéen Photin qui vient d'être jeté en prison. Premières formules grecques d'abjuration imposées aux manichéens.

531 — 13 septembre, Xosrau Ier Anushirwan monte sur le trône impérial à Ctésiphon. Il mourra en 579.

± 533 — Le philosophe grec Simplicius écrit son *Commentaire sur le Manuel d'Epictète*, après son retour d'Iran où il était en exil. Il s'y livre à une réfutation méthodique de la doctrine manichéenne.

540 — Justinien lance des opérations de police contre les manichéens de Constantinople et des environs. Le monophysite Jean d'Asie conduit les rafles et procède aux interrogatoires.

± 571 — Naissance de Mahomet à La Mecque.

± 580 — Dissidence des communautés manichéennes de Transoxiane conduites par Shad-Ohrmizd. Ces manichéens rigoristes en matière de religion *(den)*, d'où leur nom de Denawars, rompent avec l'Eglise mère de Babylone. Ils seront les missionnaires de la Haute Asie et de la Chine.

± 595 — Le pape Grégoire le Grand estime qu'il y a encore des manichéens en Sicile et en Afrique du Nord.

± 612 — Mahomet entend l'appel de l'ange le proclamant « envoyé de Dieu ». Visions, révélations et voyages célestes se poursuivront jusqu'en 621.

1 H/622 — Emigration *(hijra)* de Mahomet et de ses adeptes à Yathrib = Médine (la « Ville »).

11 H/632 — Mahomet conduit à La Mecque le pèlerinage *(hajj)* de l'adieu. Rentré à Médine, il meurt le 8 juin.

16 H/637 — Les Arabes s'emparent de Ctésiphon (= al-Mada'in). Le dernier sasanide, Yazdigird III, est défait à la bataille de Jalula.

29 H/649 — Les Arabes pénètrent dans le Khurasan.

54 H/674 — Bukhara est conquise par les Arabes.

55 H/675	Des manichéens de langue sogdienne, partis de Samarqand, franchissent le Turkestan chinois et atteignent le fleuve Jaune.
56 H/676	Samarqand tombe aux mains des Arabes.
75 H/694	Nombre de manichéens qui avaient quitté la Mésopotamie sous les derniers sasanides rentrent au 'Iraq et bénéficient de la tolérance du gouverneur al-Hajjaj b. Yusuf, sans toutefois obtenir la *dhimma*, protection légale accordée aux non-musulmans. La même année, un dignitaire manichéen est signalé à la cour de Chine.
91-93 H/710-712	Les Arabes soumettent la Sogdiane. A al-Mada'in, Mihr devient chef de l'Eglise manichéenne de Babylone. Son pontificat prendra fin en 740.
106 H/724	Khalid b. 'Abd Allah al-Qasri, qui était né de mère chrétienne, est gouverneur du 'Iraq. Zoroastriens, chrétiens et manichéens bénéficient de sa tolérance. Révoqué en 120 H/738, il mourra sous la torture en 126 H/743-744. Le *Fihrist* dit qu'il était *zindiq*.
± 110 H/728	Wasil b. 'Ata', le fondateur du mu'tazilisme, s'emploie à réfuter les manichéens dans ses *Mille questions*. Ouvrage perdu. Premier écrivain musulman à avoir écrit sur le manichéisme.
± 112 H/730	L'imam manichéen d'al-Mada'in, Mihr, met fin au schisme des Denawars.
731	16 juillet, sur ordre de l'empereur Hiuan-tsong, un évêque manichéen compose en chinois un Compendium des doctrines et règles du manichéisme, qui a été retrouvé à Touen-houang.
± 117 H/735	Disputes internes aux communautés manichéennes du 'Iraq, concernant les observances en matière de jeûnes. Miqlas entre dans la dissidence. Abu Sa'id Raja devient l'imam de l'Eglise.
132 H/750	La ville de Kashghar, dans le Turkestan chinois, important fief manichéen, tombe aux mains des Qarluqs et commence à être turcisée.

142 H/759 Ibn al-Muqaffaʿ, accusé de *zandaqa*, meurt en prison.

± 143 H/760 Un manichéen venu d'Afrique, Abu Hilal al-Dayhuri, devient chef suprême de l'Eglise manichéenne à al-Mada'in. Il met fin à la dissidence de Miqlas.

762 20 novembre, les Ouïghours prennent et saccagent la ville chinoise rebelle de Lo-yang, sur le fleuve Jaune. A cette occasion, leur qaghan Meou-yu fait la connaissance des missionnaires manichéens résidant dans la ville et se convertit au manichéisme.

763 Après sa victoire sur les chinois rebelles de Lo-yang, le qaghan rentre dans sa capitale, Ordu Balïq, sur l'Orkhon. Il ramène avec lui quatre religieux manichéens, dont un certain Jouei-si, de la communauté de Lo-yang. Le manichéisme devient religion officielle de l'empire turc, et un maître manichéen s'installe à Ordu Balïq.

768 A la demande du qaghan, l'empereur de Chine autorise les manichéens résidant dans ses contrées à y élever des temples et des monastères. Cette autorisation sera renouvelée en 771.

163-170 H/779-786 Sous les troisième et quatrième califes ʿabbasides, la répression frappe les manichéens du ʿIraq et les intellectuels accusés de *zandaqa*.

781 Stèle nestorienne de Si-ngan-fou.

791-792 Théodore bar Konai, nestorien de la région de Wasit, termine la rédaction des onze traités de son *Livre des scholies*. Le onzième traité contient un catalogue d'hérésie ; la partie doctrinale de la notice sur Mani est un résumé de la *Pragmateia*.

806 Arrivée de prêtres manichéens à la cour de Chine, accompagnant une ambassade ouïghoure venue d'Ordu Balïq.

± 815 Inscription trilingue (chinois, turc, sogdien) de Qara-balghasun, racontant l'histoire de l'introduction du manichéisme chez les Ouïghours.

817	Seconde ambassade ouïghoure auprès de la cour de Chine, avec une délégation manichéenne.
± 205 H/820	Le septième calife ʿabbaside, al-Ma'mun, écrit un traité contre les manichéens. Son œuvre n'a pas été conservée.
840	Une armée de « cent mille » cavaliers kirghiz s'empare d'Ordu Balïq. Fin de l'empire ouïghour de l'Orkhon.
843	Un groupe ouïghour, fuyant les Kirghiz, s'installe à Si-tcheou (= Xotcho), près de Tourfan. La même année, en Chine, l'empereur Wou-tsong ordonne la fermeture des monastères manichéens, la confiscation du mobilier et la destruction des livres.
± 231 H/845	Mort du muʿtazilite al-Nazzam, auteur d'une réfutation des manichéens. Texte connu uniquement par les citations qu'en donne al-Khayyat (mort peu après 300 H/912) dans son *K. al-intisar.*
± 236 H/850-851	Abu ʿIsa l-Warraq compose ses recueils de doxographies. L'accusation de *zandaqa* portée contre lui entraîna la disparition de son œuvre. L'hérésiologie musulmane s'est largement inspirée de ses travaux.
± 860-866	Un groupe de tribus ouïghoures s'établit au Kan-sou occidental, autour de Kan-tcheou.
± 256 H/870	Mort du philosophe al-Kindi, auteur de plusieurs réfutations des dualistes et des manichéens. Ouvrages perdus, mais largement utilisés par Ibn al-Nadim.
293 H/906	Mort du muʿtazilite al-Nashi'. Les fragments subsistant de sa doxographie *(al-Kitab al-ausat fi l-maqalat)* montrent qu'il avait une connaissance précise de la cosmologie manichéenne.
± 320 H/932	Les manichéens installent à Samarqand le siège de leur pontificat suprême. Ibn al-Nadim prétend qu'à cette époque 500 manichéens environ vivaient à Samarqand.
± 339 H/950	Ibn al-Nadim prétend qu'il connaissait 300 manichéens environ vivant à Baghdad sous le règne du premier Buyide du ʿIraq.
345 H/956	Mort d'al-Masʿudi.

349 H/960	La population turque de Kashghar (Turkestan chinois) est islamisée.
372 H/982	L'anonyme persan, auteur du *Kitab hudud al-ʿalam*, signale l'existence d'un monastère *(khangah)* manichéen à Samarqand.
377 H/987	Ibn al-Nadim achève la rédaction du *Fihrist*. La première section du IXe chapitre est consacrée en grande partie aux manichéens. Exposé le plus complet transmis par l'hérésiologie sur l'histoire et la doctrine du manichéisme. A cette date il n'y avait, selon lui, que cinq manichéens vivant à Baghdad.
380 H/990	Le qadi de Rayy et théologien muʿtazilite, ʿAbd al-Jabbar, achève la rédaction d'*al-Mughni*.
± 390 H/1000	Al-Biruni écrit *al-Athar al-baqiya*.
1028	Les Tangut s'emparent de la principauté ouïghoure de Kan-tcheou.
± 424 H/1033	Al-Biruni compose son *Tahqiq ma li-l-Hind*.
± 1035	La grotte aux manuscrits de Touen-houang est murée. Elle ne sera réouverte que vers 1900 par un moine taoïste. Aurel Stein la visite en 1906. Paul Pelliot y pénètre le 3 mars 1908 et procède à l'inventaire. En 1910, le gouvernement chinois fait rapatrier à Pékin les manuscrits restants.
427 H/1036	Al-Biruni écrit son Epître sur le catalogue des écrits d'al-Razi et raconte comment il se procura l'heptateuque de Mani.
485 H/1092	Abu l-Maʿali-ye ʿAlavi compose le *Bayan al-adyan*.
518 H/1124	Commencement du règne du premier gürkhan qara-khitay sur tout le Turkestan chinois. Ibn al-Athir le qualifie de « manichéen » (= païen et idolâtre).
548 H/1153	Mort d'al-Shahrastani.
1206	Sur le haut Onon, en présence de tous les chefs et princes mongols, Tämüjin reçoit le titre de Tchinggis-qan (= Gengis-khan).
608 H/1211	Effondrement de l'empire qara-khitay du Tarim au profit de leurs vassaux et voisins, les Khwarazmshahs islamiques.

618 H/1221	La capitale du Khwarazm est investie par Tchaghatay et Ögedey, chefs de la Horde d'Or.
1265	Un dignitaire manichéen chinois, Tchang Hi-cheng, écrit deux lettres à Houang Tchen, confucéen et archiviste à la cour impériale, pour lui démontrer le bien-fondé scripturaire et la respectabilité de sa religion.
1292	Marco Polo et son oncle Mafeo rencontrent à Ts'iuan-tcheou (Zaitun) un groupe de manichéens.

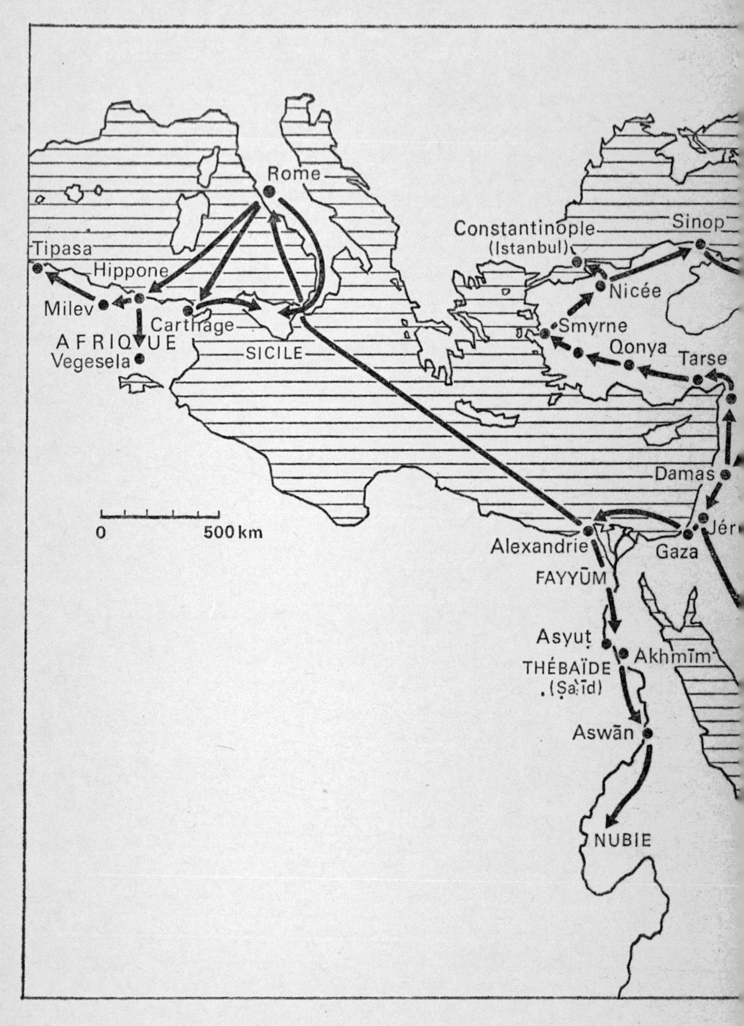

Le manichéisme d'influence babylonienne (IIIe-VIe siècle)

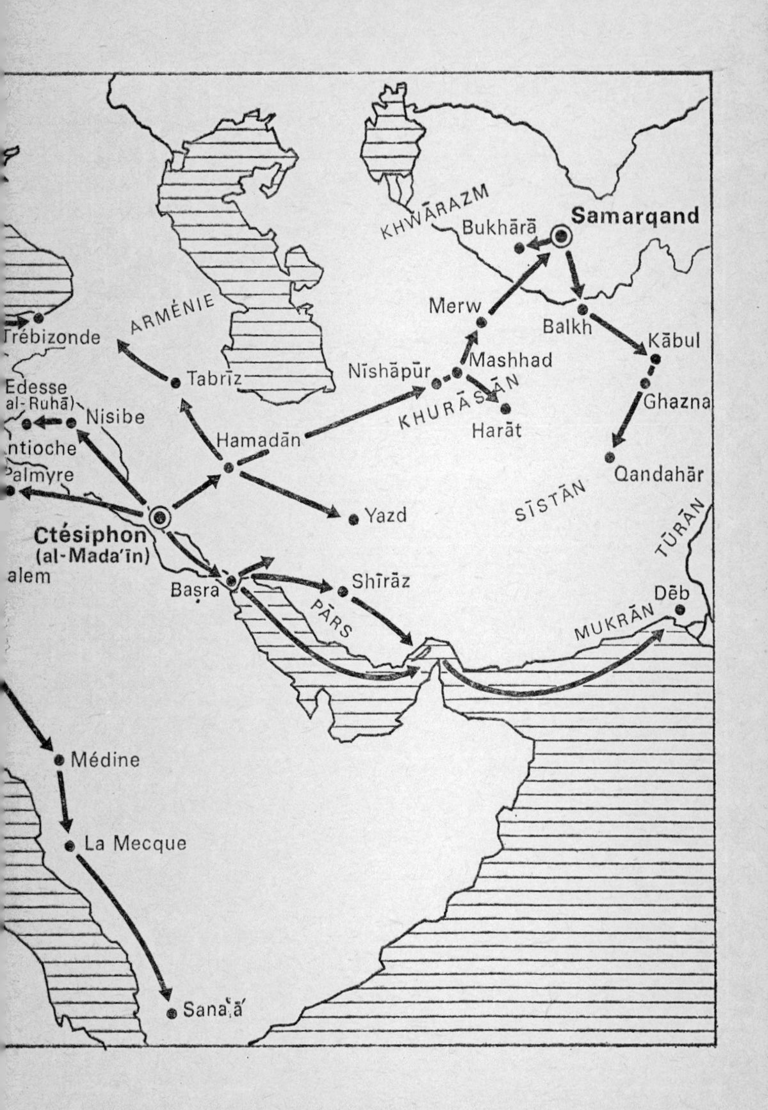
KHWĀRAZM
Samarqand
Bukhārā
ARMÉNIE
Merw
Balkh
Kābul
Trébizonde
Tabrīz
Nīshāpūr
Mashhad
KHURĀSĀN
Edesse
(al-Ruhā)
Nisibe
Ghazna
Harāt
Hamadān
Antioche
Palmyre
Qandahār
SĪSTĀN
Yazd
Ctésiphon
(al-Mada'īn)
TŪRĀN
Shīrāz
Baṣra
Dēb
PĀRS
MUKRĀN
Médine
La Mecque
Sanaʿāʾ

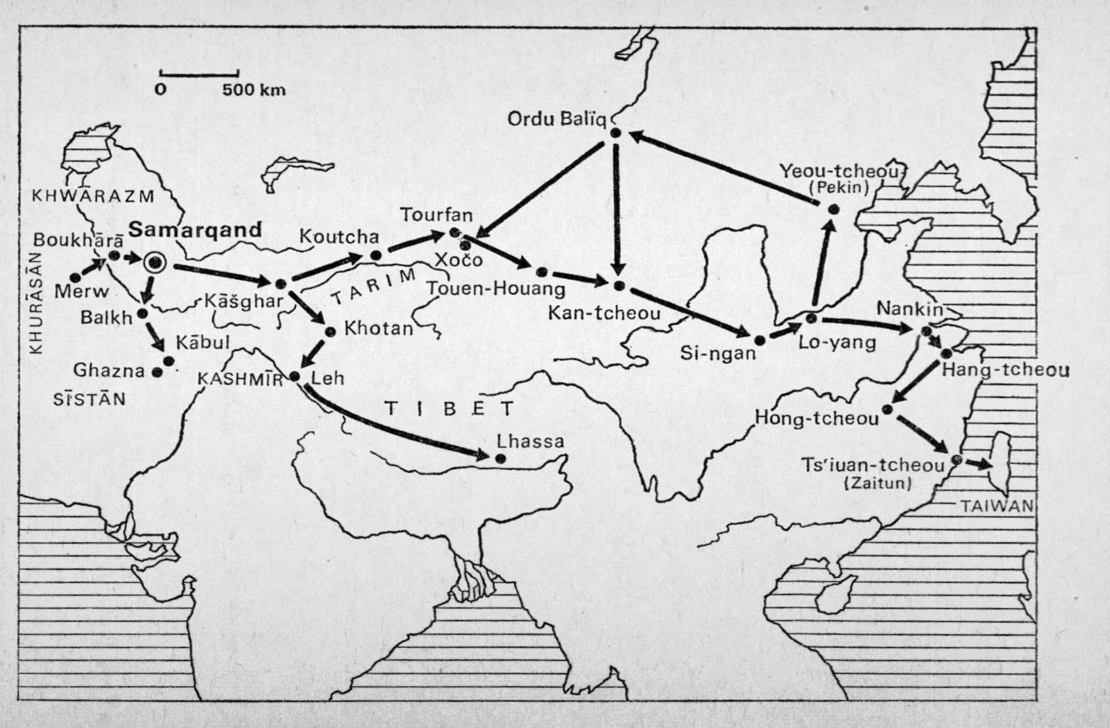

Le manichéisme d'influence sogdienne (VIIe-XIIIe siècle)

BIBLIOGRAPHIE SOMMAIRE

On trouvera dans H.-Ch. Puech, *Le manichéisme*, Histoire des Religions (Pléiade), II, Paris, 1972, 637-641, la liste des principales sources publiées. Ajouter pour le domaine turco-iranien les ouvrages suivants : W. Sundermann, *Mittelpersische und parthische kosmogonische und Parabeltexte der Manichäer*, Berlin, 1973 ; P. Zieme, *Manichäischtürkische Texte*, Berlin, 1975 ; M. Boyce, *A Reader in Manichaean Middle Persian and Parthian*, Téhéran-Liège, 1975, avec son complément lexical paru en 1977 *(A Word-List)*. Pour la littérature secondaire arabe, ajouter le livre de G. Monnot, *Penseurs musulmans et religions iraniennes*, Le Caire-Beyrouth, 1974. Un bulletin rendant compte des travaux relatifs au manichéisme parus depuis 1977 est publié annuellement par M. Tardieu dans *Abstracta Iranica* 1 (1978), 17-22 ; 2 (1979), 16-23 ; 3 (1980), 129-140 ; à suivre.

TABLE DES MATIÈRES

Imprimé en France, à Vendôme
Imprimerie des Presses Universitaires de France
1981 — N° 27 675